Grégoire Solotareff

wintergeschichten

Die Deutsche Bibliothek – CIP-Einheitsaufnahme
Ein Titeldatensatz für diese Publikation ist bei
Der Deutschen Bibliothek erhältlich.

Lektorat Uta Rüenauver, Berlin
Die Originalausgabe erschien erstmals 2001 unter dem Titel
Contes d'hiver bei l'école des loisirs, Paris
Copyright © 2001 l'école des loisirs, Paris
Copyright © 2002 Gerstenberg Verlag, Hildesheim
Alle Rechte vorbehalten
Druck und Bindung: Ebner & Spiegel, Ulm
Printed in Germany
ISBN 3-8067-4978-7

02 03 04 05 06   5 4 3 2 1

Grégoire Solotareff

wintergeschichten

Aus dem Französischen von
Werner Leonhard

Gerstenberg Verlag

21. Dezember

Der erste Wintertag

Thomas wartete auf den ersten Tag des Winters, den er wie jedes Jahr zusammen mit Aglaé bei einem Diner im Kerzenschein feiern wollte. Schon seit langem steckte er in den Vorbereitungen.

Aglaé war eine Füchsin, die, wie er, in die Jahre gekommen und, genau wie er, unverheiratet geblieben war. Thomas

liebte es, sich mit ihr zu unterhalten. Aber ebenso gern betrachtete er das ständig wechselnde Spiel der Farben auf ihrem silbernen Pelz und das sanfte Blinzeln ihrer langen rotbraunen Wimpern.
Von seiner oben auf einem Kliff gelegenen Höhle konnte Thomas die ganze Gegend überblicken. Wenn es, wie an diesem 21. Dezember, schneite, versetzte ihn das in gute Laune. Dann hatte er den Eindruck die ganze Welt zu beherrschen, eine Welt der Fantasie, wohlgemerkt: Wo immer er auch hinschaute, er sah nichts anderes als Schneeflocken, die umherwirbelten und in der weißen Luft verschwanden. Und im Tal konnte er lediglich die düstere Masse der Tannen am Hang erkennen, oder nach Einbruch der Dunkelheit einige Lichtpunkte viel weiter unten.
„Dieser Flockentanz, der Nebel, die Stille, wie geheimnisvoll!", sagte er und rieb sich die Hände. „Heute Abend mache ich einen Hasen in Bierteig und wir werden etwas von meinem Holunderbeerwein trinken. Meine gute alte Aglaé wird mich bestimmt wieder mit ihren Hühnergeschichten zum Lachen bringen. Wir beide werden uns einen wunderschönen Abend machen."
Wie alle alten Einzelgänger hatte er die Gewohnheit angenommen Selbstgespräche zu führen.

21. Dezember

Edgar hörte ihn dabei. Ohne ihn zu sehen, denn der Nebel war dichter geworden. Wie viele Eichhörnchen konnte Edgar Stunden damit zubringen, an den Stamm seines Baumes geklammert die Nachbarn zu belauschen.

Er purzelte von der Tanne herunter, um seine Freunde vor Thomas' Plänen zu warnen, allen voran Luc, den weißen Hasen: „Achtung! Der alte Thomas ist auf der Pirsch und beabsichtigt zum Abendessen einen Hasen zuzubereiten."

Als sie diese Nachricht hörten, versteckten sich alle Tiere des Berges. An diesem Abend fand Thomas nicht den kleinsten Hasen, nicht die kleinste Feldmaus, ja nicht einmal eine Zwergmaus, die er für sein Festmahl hätte räuchern können.

Und so war er gezwungen sein Revier zu verlassen. Und kam nie mehr zurück.

Niemand weiß, was aus ihm geworden ist.

Sein Bau ist noch genauso, wie er ihn verlassen hat: Der Tisch ist gedeckt für zwei und die Gläser sind voller Staub.

Dieses Jahr ist es Luc, der weiße Hase, der den Winteranfang feiert und den Anblick dieser herrlichen, friedlichen Landschaft genießt.

Er hat sogar Sekt kalt gestellt.

22. Dezember
Zweiter Wintertag

Der zweite Tag des Winters ist immer verregnet, neblig oder es schneit. An diesem Tag ist der Himmel nie blau. Und keiner weiß, warum.
Arthur hat allerdings eine Erklärung dafür. Arthurs Fell wird langsam weiß, er hat graue Schläfen bekommen; bei einem acht Jahre alten Eichhörnchen ist das ganz normal. Um die Augen herum erscheinen die ersten Falten und seine Ansichten werden immer starrer. Früher konnte man mit ihm über bestimmte Dinge diskutieren – über andere Dinge als Dörrobst, wohlgemerkt.
„Nun, mein Schatz, warum ist denn deiner Meinung nach am 22. Dezember immer schlechtes Wetter?" Ingrid, seine Frau, hat eine Unschuldsmiene aufgesetzt.
„Das ist ganz einfach", sagt Arthur, „der ganze Regen, der bis dahin noch nicht gefallen ist, hat sich in der Zwischenzeit angesammelt und füllt jetzt die Wolken, die Atmosphäre, sodass die Luft mit Wasser voll gesogen ist. Jetzt hängt alles vom Luftdruck ab: Ist es kalt und der Luftdruck

22. Dezember

niedrig, dann schneit es. Wenn er hoch ist, gibt es Nebel, und bei mittlerem Luftdruck und lauwarmen Temperaturen regnet es. Es kann also nur schlechtes Wetter sein." Ingrid, die nichts vom Luftdruck versteht – und der er, wie fast allen Leuten, schnurzegal ist –, sagt: „Ach! So ist das! Ja, jetzt verstehe ich das endlich."
Dabei weiß sie ganz genau, dass es keine Erklärung dafür gibt, warum das Wetter an diesem oder jenem Tag so oder so ist. Aber Arthur ist zufrieden. Und das ist die Hauptsache.

23. Dezember
Immerhin hat Gott in sechs Tagen eine Welt erschaffen

Für den Weihnachtsmann war es an der Zeit, sich echte Sorgen zu machen. Er hatte nur noch vierundzwanzig Stunden Zeit, um einige hundert Millionen Geschenke fertig zu machen, und vierundzwanzig Stunden sind nicht gerade viel.

„Schließlich", so sagte er sich, „wenn ich jedes Jahr die Zeit habe, in einer einzigen Nacht eine Milliarde Häuser zu besuchen, eine Milliarde Schornsteine hinunterzusteigen, die Geschenke unter eine Milliarde Tannenbäume zu legen und anschließend wieder zu mir nach Hause zu fahren, dann habe ich auch massig Zeit, die Geschenke in vierundzwanzig Stunden fertig zu machen. Immerhin hat Gott die Welt in sechs Tagen erschaffen! Ich bin zwar nicht Gott, aber trotzdem!"

Ach, es war so gemütlich in seiner kleinen Kammer! Im Kamin knisterte ein Feuer, das Bett war wohlig weich und der Tee schön heiß. Er trank einen Schluck, dann noch

23. Dezember

einen, leerte seine Tasse, stellte sie behutsam auf die Untertasse und schlief wieder ein.

Als er aufwachte, war es noch Nacht. Oder schon wieder Nacht?

Die Kobolde klopften schon eine gute Weile an seine Tür, ganz sachte, einer ängstlicher als der andere, ohne es zu wagen einzutreten.

„Meister ... Zeit aufzuwachen", sagten sie. „Meister? ..." (So nannten sie ihn manchmal.)

„Ja, ja. Ist ja gut. Ich stehe auf", antwortete der Weihnachtsmann. „Bringt mir meinen Morgenrock."

„Es fehlen noch etwa sechshundertsechzig Millionen Geschenke ...", sagte ängstlich der Kobold, der die Werkstatt leitete.

„Was sollen wir machen?", fragten die anderen besorgt, während sie den Weihnachtsmann ankleideten, der das allein nicht konnte. „Wir haben keine Zeit mehr, wie schrecklich!"

„Ach!", sagte der Weihnachtsmann, „ich bin sicher, dass es hunderte Millionen unausstehlicher Kinder gibt, die dieses Jahr keine Geschenke verdienen. Zu denen werde ich eben nicht hingehen. So einfach ist das."

„Aber wie wollen Sie wissen, welche von ihnen wirklich unausstehlich sind?"

23. Dezember

„Ich weiß so einiges, ihr Lieben, was glaubt ihr denn?"
In Wirklichkeit wusste er natürlich gar nichts.
Und deswegen bekamen in diesem Jahr eine Menge Kinder, ob sie nun unausstehlich waren oder nicht – schließlich sind alle Kinder mehr oder weniger unausstehlich, oder? – keine Geschenke zu Weihnachten.
Aber wer denkt heute noch daran? Diese Dinge vergisst man, wenn sie einem nicht selber passiert sind.

24. Dezember

Heiligabend

Der Schnee hatte den kleinen Weg, der zwischen den ersten Bäumen des Waldes verschwand, völlig bedeckt. Es war Nacht. Wie Glühwürmchen tanzten die Schneeflocken um die Lampe, die an der Tür zu Marthes Wohnung hing. Es herrschte völlige Stille.

Eben hatte die Maus die Vorbereitungen für das Weihnachtsessen abgeschlossen, das dieses Jahr bei ihr stattfinden sollte. Sie hatte ihre ganze Familie eingeladen. An alles hatte sie gedacht: an einen geschmückten Weihnachtsbaum, ein ausgezeichnetes Abendessen (gefüllte Trüffeln, im Ofen gebacken), eine festlich geschmückte Tafel, für jeden ein Geschenk, das liebevoll auf jedem Teller zurechtgelegt war.

Das Einzige, was ihr Sorge bereitete, war der Nachtisch. Sie hatte Angst, dass er nicht reichen könnte. Besonders für die Kinder, die erfahrungsgemäß am Heiligabend keinen Hunger hatten und nur Süßigkeiten essen wollten. Was den Rest des Essens betraf, hatte sie großzügig gerechnet. Für

24. Dezember

jeden eine große Trüffel. Mehr würde man leicht überkriegen. Anschließend gab es eine Apfeltorte. Aber war sie auch groß genug? Für alle Fälle gab es natürlich Dörrobst. Aber war genug davon da?

Sie legte ihr schwarzes Tuch um, setzte ihre Mütze auf, zog sich einen Mantel und Stiefeletten an und ging aus dem Haus.

„Brrr! Wie kalt es ist!", dachte sie. „Aber wie schön, am Heiligabend Schnee zu haben. Ohne die Sache mit dem Nachtisch wäre alles perfekt gewesen. Ach, welch ein Jammer!"

Marthe ging zu Jeanne, um ihr von ihrem Problem zu berichten. Ob sie ihr vielleicht mit Rosinen aushelfen könnte? Schließlich waren Trockenfrüchte so etwas wie die Spezialität der Eichhörnchen und gerade ihre Freundin Jeanne wusste immer gut vorzusorgen. Diese Gefälligkeit in letzter Minute würde sie sicher nicht aus der Fassung bringen. Aber weiß man's?

„So, das Nachtischproblem hätte sich erledigt", dachte Marthe, als sie Jeannes Haus verließ. „Nun, wenn bloß Amandines Kinder nicht zu aufgedreht sind! Die können einem das ganze Essen verderben, wenn sie herumschreien und sich am Tisch wer weiß wie aufführen. Und das schlägt dann allen auf die Verdauung und der Abend bleibt niemandem in guter Erinnerung."

Sie überquerte die Straße und kehrte jetzt mit dieser neuen Sorge heim, die ihr einige Falten bescherte, die zwar unter dem silbernen Fell ihrer kleinen Mäusestirn nicht zu sehen, sehr wohl aber vorhanden waren.

25. Dezember
Weihnachten, ein Fest für alle?

Als der Weihnachtsmann seinen Schlitten wegstellte, warf er einen Blick auf seine Armbanduhr. Sechs Uhr morgens. Es war noch pechschwarze Nacht.
Das war das erste Mal, dass er schon so früh mit seiner Runde zu Ende war, gewöhnlich kam er erst im Morgengrauen nach Hause.
Er war zufrieden.
Er torkelte leicht, als er durch die Tür trat, trunken vor Müdigkeit, und dachte nur an eines: sein Bett, die neue Matratze aus Eichhörnchenschwanz-Fell, die seine lieben kleinen Kobolde für ihn angefertigt hatten, und seinen weichen roten Schlafanzug aus Rotkehlchenfedern.*
Und als er den Schlüssel im Schloss umdrehte, fiel ihm ein, dass er einen ganzen Kontinent vergessen hatte!

---

* Mittels einer speziellen Technik gelingt es den Kobolden, den Rotkehlchen die roten Federn von der Kehle zu stehlen, ohne dass sie es bemerken. Dazu muss man sagen, dass die Rotkehlchen nicht sonderlich gewitzt sind, ganz im Gegensatz zu den Kobolden.

26. Dezember
Jeremias' Klagelieder

„Der 26. Dezember zählt nicht", sagte Jeremias. „Das ist weder Weihnachten noch Neujahr, sondern irgendwas dazwischen, und er fällt selten auf einen Sonntag. Das ist gar nichts, volle Pleite."
Jeremias war ein ziemlicher Nörgler von einem Kobold und das kleinste Missgeschick war ihm ein willkommener Anlass zu lauthalsen, mehr oder weniger abschätzigen Betrachtungen über das Leben. Dieses Mal hatte er am Abend vorher zu viel gegessen und jetzt machte ihm sein Magen etwas zu schaffen. Aber alle waren fröhlich und keiner hörte sich seine Klagelieder an.
„Kommst du mit spielen, Jeremias?", rief Chloé, als sie in das Zimmer gestürzt kam, in dem sich der jammernde Kobold befand.
„Keine Lust!", sagte Jeremias, mit bösem Blick.
„Ach komm!", sagte Chloé beharrlich. „Sei lieb und komm, uns fehlt noch ein Mitspieler!"
„Was für ein Spiel denn?"

26. Dezember

„Wir spielen Stadt Land Flucht."
„Wie bitte?"
„Stadt Land Flucht. Das ist ein Spiel, das ich erfunden habe. Du wirst sehen, das ist ganz lustig."
„Stadt Land Flucht. Bescheuerter Name."
„Also, kommst du jetzt mit?"
„Gut. In Ordnung", sagte Jeremias.
Chloé wusste sehr gut, dass es ihr mit sanfter Beharrlichkeit gelingen würde, Jeremias rumzukriegen, so wie man fast alle Miesepeter dazu bringen kann, mit dem Jammern aufzuhören: indem man sie etwas umwirbt.

27. Dezember
Drei geschwätzige Elstern

Mitten auf dem verschneiten Feld saßen Mimie, Marie und Lola wie drei schwarze Flecken: Ihre weißen Federn konnte man nicht sehen und so konnten sie leicht als Krähen durchgehen.
Und außerdem konnte man aus der Entfernung ihr Geschwätz für Gekrächze halten, das der Schnee als Echo zurückwarf.
„Was für einen Lärm die Krähen dahinten machen!", sagte Ramon, das Frettchen, der es allerdings gewohnt war, dass in seinem Bau laut geredet wurde. „Fast könnte man von hier aus verstehen, was sie sich erzählen. Klingen wie amerikanische Krähen."
„Das stimmt", sagte Emil Feldmaus mit einem Blick auf die weiße Fläche, die im Sonnenlicht glitzerte. „Ich kann sie nicht erkennen, aber ich höre genau, was sie sagen. Und dabei geht es um Sie, mein Guter."
„Wie bitte???" Ramon stutzte.
„Aber sicher doch. Ich habe ganz klar das Wort ‚Ramon'

gehört, das immer wieder vorkommt, und auch ‚Lisa' und dann ‚letzte Nacht'."

Ramon wusste nicht, was er dazu sagen sollte, denn ... letzte Nacht hatte er tatsächlich Lisa besucht.

„Das ist nicht weiter schlimm", dachte er. „Im Gegenteil. Wenn man glaubt, dass ich eine Affäre mit Lisa habe, ist das eher schmeichelhaft für mich. Ich möchte nur nicht, dass jemand erfährt, dass sie mich nach dreißig Sekunden wieder vor die Tür gesetzt hat."

„Ach so!", sagte Emil. „Sie hat Sie nach dreißig Sekunden wieder vor die Tür gesetzt? Aber was sind das bloß für Krähen, die alles bis ins kleinste Detail wissen?"

Ramon war sprachlos. Er kniff die Augen zusammen und versuchte, die Köpfe dieser Vögel zu erkennen. Aber da war nichts zu machen, der Schnee blendete zu sehr, und wenn er sich weiter rauswagen würde, riskierte er, Jakob Häher in die Klauen zu fallen.

Er ging also nach Hause und zog ein Gesicht, derweil Emil sich über das freute, was er zu hören bekam.

28. Dezember
Der Chef erwacht

Drei Tage sind seit seiner großen Tour vergangen und Er schläft immer noch. Das ganze Haus hallt von einem gewaltigen Schnarchen wider. Und plötzlich hört das Schnarchen mit einem Schlag auf.
„Endlich!", sagen die Kobolde. „Endlich wacht Er auf!"
Auf Zehenspitzen tritt ein Kobold ins Zimmer, um zu fragen, was der Chef (sie nennen ihn Meister oder Chef) zum Frühstück wünscht.
Falscher Alarm. Er hat sich einfach nur im Bett umgedreht und jetzt liegt Er auf dem Rücken wie ein dicker Seehund im Schlafanzug. Es schlägt drei Uhr.
„Und wenn wir ihn wecken?", sagt einer von ihnen.
„Also ich würde die Verantwortung dafür nicht übernehmen", sagt ein anderer.
„Du, du willst ja nie irgendeine Verantwortung übernehmen", sagt der erste. „Wenn alle so wären wie du, dann würde niemand etwas unternehmen, und dann gäbe es vielleicht nicht einmal Weihnachten."

28. Dezember

„Mach's doch, wenn du willst", sagt ein dritter. „Aber beschwer dich nachher nicht, wenn du einen Tritt in den Hintern bekommst, oder wenn Er dich schnappt und an einem Ohr aufhängt."

Nach und nach dringt das Stimmengewirr der Diskussion dem Weihnachtsmann ins Ohr.

„Hört das bald auf, dieser Lärm?", ruft er und setzt sich im Bett auf. „Wer hat mich aufgeweckt?"

„Er war's!", rufen die Kobolde im Chor.

Der Weihnachtsmann steht auf und betritt das Zimmer, in dem sich die Kobolde befinden, die ganz stumm sind.

„Meinen Tee!", sagt der Weihnachtsmann.

Alle Kobolde stürzen sich auf den großen Samowar. „Es ist gut", denken sie erleichtert. „Er hat seinen Tee verlangt." Der Tag beginnt, man muss sich sputen.

29. Dezember

Schwarze Schatten im Sand

Georgie und Camilla, zwei kleine Krabben, diskutierten am Strand.
Die Sonne stand sehr niedrig, eine echte Wintersonne, und ihr weißes Licht warf schwarze Schatten auf den Sand. In Wirklichkeit waren diese Schatten nicht richtig schwarz, sondern grau oder eher bronzefarben; das war es, was Georgie Camilla gerade erklärte.
Camilla war es ziemlich egal, ob ihr Schatten bronzefarben, grau oder sogar blau war. Im Gegensatz zum heftigen Sonnenlicht erschien er schwarz, also war er auch schwarz, und ein Maler hätte ihn auf seinem Bild schwarz malen können, ohne damit Anstoß zu erregen!
Georgie verstand nicht, wie man diesen Schatten schwarz auf einem Bild darstellen könnte, wo doch jeder sehen konnte, dass er nicht schwarz war. Das war nicht die Wirklichkeit. Georgie war keine Künstlerin, so viel war klar.
Eine große Welle bereitete ihrer Diskussion ein jähes Ende. Erst viel später begann Georgie Camilla zu vermissen, die

29. Dezember

an einem anderen Strand gelandet sein musste. Sie würde sie nie wiedersehen. Außer sie machte sich auf die Suche nach ihr. Aber wie groß war ihre Chance, sie wiederzufinden?

Als sie einige Wochen später wieder ihren Schatten auf dem goldenen Sand erblickte, dachte sie: „Genau genommen hatte Camilla nicht Unrecht, heute ist mein Schatten wirklich schwarz. Aber ich bin sicher, dass ich neulich Recht hatte."

30. Dezember

Sylvia von Graben, Fröschin

Sylvia von Graben ist eine Fröschin, die alle für halb verrückt halten: Sie geht aus, wenn schönes Wetter ist, und bleibt zu Hause, wenn es regnet. Gerade hat sie ihre Küche gelb gestrichen, wo doch alle Frösche Gelb verabscheuen; sie raucht Zigaretten, wo doch jedermann weiß, dass Frösche den Rauch nicht wieder ausstoßen können und Gefahr laufen zu platzen.

Aber das ist Sylvia von Graben schnurzegal, sie tut, was ihr gefällt. Sie schminkt sich auch gern, wo doch Schminke auf Fröschen überhaupt nicht haften bleibt.

Nun gut, trotz alledem ist Sylvia von Bewerbern umgeben, und wenn auch ihre Stimme entsetzlich klingt, so macht das überhaupt nichts. Vor ihrer Tür macht ihr ein Heer von Verlobten den Hof und quakt von morgens bis abends. Warum?

31. Dezember
Ein großer Pstlw-Spieler

Jack war Musiker geworden, weil er dachte, dass Musiker viel reisen – was auch der Fall ist, wenn der Musiker bekannt ist – und dass er im Laufe dieser vielen Reisen seine Frau wiederfinden könnte, die man ihm vor vielen Jahren geraubt hatte.
Mit der Zeit hatte er so viel gespielt – es war ungefähr zwanzig Jahre her, dass seine Frau verschwunden war – dass er beträchtliche Fortschritte gemacht hatte und sogar ein großer Pstlw-Spieler geworden war. (Das Pstlw ist ein polnisches Instrument, das nur wenige Kobolde kennen, denn es hat nicht nur einen unaussprechlichen Namen, sondern auch einen Klang, den alle Welt scheußlich findet.) Er wurde überallhin eingeladen, gerade weil sein Instrument kaum bekannt war und weil niemand oder kaum jemand wusste, wie grässlich es anzuhören war. Sobald er zu spielen begann, ergriffen alle die Flucht, und er fand sich allein auf seinem Podest vor leeren Stühlen wieder. Und so hatte er alle Zeit der Welt, um seine Frau zu suchen. Eines

31. Dezember

Tages führten ihn seine Tourneen in den hintersten Winkel der Schwarzen Berge, einer entlegenen Region der Bretagne, wo es nichts gibt außer Heidekraut, Stechginster und Granitfelsen, rund und glatt wie die Schädel von Riesen, die bis zu den Augen in der Erde stecken.
Nachdem die Zuschauer die Flucht ergriffen hatten, befand sich Jack wie gewöhnlich allein auf dem Dorfplatz der Kobolde. Allein? Nein, nicht ganz und gar. Eine winzige Fee, kaum größer als ein Daumen und mit einer sehr langen Nase, versteckte sich hinter dem Springbrunnen. Sie war vollkommen taub. Sie fand das Instrument von Jack sehr schön und dachte, ein so schönes Instrument könne nur einen angenehmen Klang haben.
Sie sah, wie die Leute die Flucht ergriffen und wie Jack sein Instrument in seiner Umhängetasche verstaute, bevor er in den Gassen des Dorfes verschwand. Sie fragte sich zwar, warum alle so hastig aufgebrochen

31. Dezember

waren, aber dann sagte sie sich, dass sie Kobolde einfach nicht verstehen könne, und diese Erklärung genügte ihr.
Als sie Jack auf sich zukommen sah, trat sie vor ihn hin und sagte: „Weißt du, dass es da oben, in der Höhle der Riesen, eine alte Koboldin gibt, die dir sehr ähnlich sieht? Das ist ihre Köchin. Ich kann dich dahin begleiten, wenn du sie sehen willst!"
Und so fand Jack seine Frau nach zwanzig Jahren Suche wieder. Wie es ihm dann gelungen ist, sie den Riesen zu entreißen, weiß man nicht.

1. Januar
Die guten Vorsätze

„Der erste Januar, das ist ein bisschen so wie der Montag des Jahres", sagte Hermann, der Kobold aus Deutschland. „Das ist der Tag der guten Vorsätze. Das darf man nicht vergessen!"

Er war umgeben von seinen Kobold-Kumpeln, die damit beschäftigt waren, ihre Weidenkörbe für das Frühjahr zu flechten. Sie waren mit ihrem Programm in Verzug geraten und hatten Besseres zu tun, als sich Hermanns Gewäsch anzuhören. Hermanns Problem war, dass ihm niemals jemand zuhörte. Lag das daran, dass er zu ernsthaft war? Oder weil er vor lauter Reden darüber, was zu tun sei, niemals etwas tat, und man sich deshalb angewöhnt hatte, dem, was er sagte, keine Beachtung mehr zu schenken?

Als er sah, welch ein geringes Echo seine mahnenden Worte fanden, kehrte er mit gerunzelter Stirn nach Hause zurück.

2. Januar
Der Tag der wahren Entscheidungen

„Welchen Tag haben wir heute?", fragte Nico, das Eichhörnchen, und schlug ein Auge auf.
Da niemand da war, der ihm antwortete, schlief er bald wieder ein.
Einige Stunden später wachte er wieder auf. Dieses Mal war er nicht mehr müde. Er stieg von seinem Baum herunter, um bei seinem Freund Julius einen Kaffee zu trinken. Julius schlief noch, zusammengerollt hinten in seinem Bau. Julius war ein etwas träger Fuchs, der sich nicht dazu durchringen konnte, bei seiner Mutter auszuziehen. Die räumte gerade auf und sagte zu Nico, dass man ihren Sohn nicht wecken dürfe, denn er sei müde.
Enttäuscht darüber, mit niemandem plauschen zu können, bestieg Nico wieder seinen Baum, betrat sein Nest, legte seinen buschigen Schwanz um den Kopf und schloss die Augen.
„Am zweiten Tag des Jahres", so dachte er, „da muss man die echten Entscheidungen treffen. Nicht die heuchleri-

schen, vagen Vorsätze des ersten Januars. Für dieses Jahr nehme ich mir vor, nur das zu tun, was angenehm ist und Spaß macht. Punkt. Aus."
Und dann schlief er wieder ein.

3. Januar
Schlammzeit

Es taute. Schnee und Matsch vermischten sich und das ganze Kobolddorf war braun am Boden und weiß auf den Dächern. Keiner verließ sein Haus, aus Angst, sich den Bart oder die Zöpfe schmutzig zu machen. Seit dem Vorabend fiel ein feiner Eisregen.
Inmitten der Stille hörte jeder ein wohlvertrautes Geräusch: das Läuten der Glöckchen von Serges Schlitten. Serge, der faule Kobold. Serge, der nichts anderes tat, als auf seinem kleinen Schlitten herumzufahren, der von weißen Mäusen gezogen wurde. Serge, der in seiner Datscha außerhalb des Dorfes wohnte und sich von Zeit zu Zeit dazu herabließ, ihnen einen Besuch abzustatten. Denn für ihn, den eingebildeten, großen Herrn, waren sie nur Bauerntölpel.
An diesem Tag waren die armen Mäuse aus Serges Gespann über und über mit Schlamm bedeckt, nichts war mehr weiß an ihnen als der Rücken und die Kopfspitze. Und hinter der schützenden roten Lederplane seines

3. Januar

Schlittens lag Serge zusammengesunken auf den Kissen und schlief.

Jeder im Dorf sah ihn vorbeifahren und bemitleidete die armen Mäuse, die dieser dicke, schlaffe Kobold – den niemand leiden konnte – zu seinen Sklaven gemacht hatte. Er konnte nicht zu Fuß gehen, denn dabei hätten seine Schuhe aus bestickter Seide schmutzig werden können.

„Schließlich bräuchten sie sich nur aufzulehnen, die kleinen Mäuse!", sagte Yvan, als er das Jammergespann, das sich durch den Schlamm kämpfte, an seinem Fenster vorbeikommen sah.

3. Januar

„Wie stellst du dir das denn vor, dass sie sich auflehnen?", fragte Pélagie, seine Frau, die am Feuer saß und eine Mütze ausbesserte. „Schließlich sind es nur Mäuse!"
„Na und! Wenn ich eine Maus wäre, würde ich so etwas niemals hinnehmen! Das ist mäuseunwürdig!"
Pélagie sagte nichts. Lange sah sie Yvan an. Er war ein Träumer, ein Idealist. Und dafür liebte sie ihn.

4. Januar
Franz und Marie-Lou

Franz Wiesel war gerade dabei, für einen Apfelstreusel einige Äpfel vom letzten Herbst in kleine Stücke zu schneiden – den sollte es bei ihm zum Kaffee geben, denn er machte ja keine Diät –, als ihn Marie-Lou rief, mit leidender Stimme.

Es war zwei Minuten vor fünf und bereits dunkel. In ihrem Bett wartete Marie-Lou auf ihren Tee und starrte seit mindestens einer Viertelstunde auf ihre Armbanduhr.

Franz hatte die schlechte Angewohnheit angenommen, jeden Nachmittag für Marie-Lou den Fünf-Uhr-Tee zuzubereiten, ihn zu zuckern und sogar umzurühren – andernfalls würde sie ihn den ganzen Nachmittag vorwurfsvoll ansehen –, bevor er ihn ihr auf einem blank polierten Silbertablett servierte – und bitte ohne Pfotenabdrücke –, auf dem eine zweimal gefaltete rosa Leinenserviette lag.

Aber jetzt, zu Beginn des neuen Jahres, hatte Franz Lust einige seiner Gewohnheiten zu ändern. Besonders die, die darin bestanden, seiner Frau als Laufbursche zu dienen.

4. Januar

Um Punkt fünf Uhr hörte er wieder ihr: „Franz ..."
Er antwortete nicht.
In ihrem schön warmen Bett war Marie-Lou schnell des Wartens überdrüssig und schlief bald wieder ein. Gegen acht Uhr abends schreckte sie hoch: „Franz ...", sagte sie zaghaft, denn er saß neben ihr. „Ich nehme an, du hast einen guten Grund dafür, dass du mir heute nicht meinen Fünf-Uhr-Tee gebracht hast. Siehst du nicht, wie spät es ist?"
Franz antwortete immer noch nicht. Er blickte nicht einmal von seiner Zeitung auf. Nach dem Kaffeetrinken war er in die Stube gegangen (den einzigen Raum im Haus, der geheizt war) und hatte zum ersten Mal seit Jahren seine Zeitung lesen können, ohne von Marie-Lou dabei gestört zu werden.
Marie-Lou setzte sich in ihrem Bett auf, ohne ein Wort zu sagen. Franz hielt den Atem an.
„Franz ...", sagte sie sanft.
Endlich sah Franz sie an.
„Was ist eigentlich los? Erstens habe ich meinen Tee nicht bekommen, dann habe ich dich gerufen, bis ich wieder eingeschlafen bin, und jetzt antwortest du nicht, wenn ich mit dir spreche!"

„Aber doch, meine Liebe. Ich habe gelesen, das ist alles. Was möchtest du?"

„Ich habe dir so viele Fragen gestellt, auf die du nicht geantwortet hast, dass ich nicht mehr weiß, was ich will. Ach ja! Bringst du mir jetzt nicht mehr meinen Tee?"

„Doch, selbstverständlich. Aber ich hatte zu tun, und als ich dir deine Tasse gebracht habe, hast du schon wieder geschlafen. Ich wollte dich nicht wecken."

Er log.

Marie-Lou stand auf, zog sich ihren Morgenrock über und ging ohne ein Wort ins Badezimmer.

Jetzt wusste Franz, was er tun musste, um in Ruhe nachmittags seine Zeitung lesen zu können: nicht sofort antworten.

Ganz einfach abwarten.

5. Januar
Schwierig = unmöglich

Martha suchte einen Mann fürs Leben. Sie war eine charmante Elster, geistreich, fröhlich und sehr umgänglich, was einem die Suche nach dem Mann fürs Leben ziemlich erleichtert.

Aber sie fand niemanden, mit dem sie ihre Tage und Nächte verbringen konnte. Dabei hatte sie neben ihren unleugbaren persönlichen Qualitäten auch ein gemütliches Nest und konnte vorzüglich kochen. Ihre Freunde verstanden nicht, warum sie keinen Gefährten fand, während andere Elstern, die absolut bescheuert und manchmal sogar ziemlich hässlich waren, einen abkriegten.

„Wahrscheinlich liegt es daran, dass ich zu viel erwarte", sagte sie zu ihrer alten Freundin Edwina.

„Man kann nie zu viel erwarten", sagte Edwina. „Wärst du etwa mit einem Schwachkopf zufrieden, der mit dir zusammenleben wollte?"

„Na ja ... ich weiß nicht", antwortete Martha. „Vom Alleinsein habe ich die Nase voll."

5. Januar

„Glaub mir," sagte Edwina, „es ist besser, allein zu sein, da ist man frei. Man tut, was man will, man wohnt, wo man will, man isst, was man will und wann man will. Die FREIHEIT! Überleg mal."
„Mag sein", sagte Martha, „mag sein."
Genau genommen war sie nicht überzeugt. Sie würde lieber mit jemandem zusammenleben, der vielleicht kein Adler war, aber mit dem sie reden konnte, am Abend etwa, vor dem Zubettgehen. Der Klang einer Stimme, neben einem, das ist wichtig.
„Warum gibt es so viele allein lebende Elstern?", fragte sie ihre Freundin, die ebenfalls allein lebte, allerdings, weil sie es so wollte.
„Ich denke, es ist schwierig, zu zweit zu leben", sagte Edwina. „Deswegen."
„Ja, sicher, aber schwierig heißt nicht unmöglich."
„Doch. Schwierig heißt unmöglich."
Martha sah ihre Freundin an und fragte sich, ob es Sinn hatte, weiter mit ihr zu diskutieren.

6. Januar

Regen-Grauchen

Regen-Grauchen war sehr unglücklich, ein bisschen wie ihre Cousine Schneewittchen, mit der sie (sehr) weitläufig verwandt war. Aber aus anderen Gründen.

Keine Stiefmutter hatte sie töten wollen, aber ihre eigene Mutter hatte sie erst auf diesen unheimlichen Namen getauft und sie dann davongejagt, als sie noch nicht einmal ein Jahr alt war. Zwar ist es normal für Mäuse, ihre Eltern in diesem Alter zu verlassen, aber trotzdem war es ein schwerer Schlag für sie gewesen.

Von einem Tag auf den andern stand sie plötzlich auf der Straße und wusste nicht einmal, was sie aus den Mülltonnen essen konnte: was Gift und was im Gegenteil gut für die Gesundheit war. Und ob es stimmte, dass Ratten eine echte Bedrohung für Mäuse darstellten, oder ob das ein Märchen war.

So hatte sie also mehrere Monate zwischen Bürgersteig und Straße gewohnt, hinter einer Gullyspalte, und sich von dem ernährt, was ihr die Tauben übrig ließen.

6. Januar

Als sie schließlich erwachsen war, fasste sie den weisen Entschluss aufs Land zu ziehen. Sie schnürte ihr Bündel, das nichts weiter enthielt als zwei geflickte Spitzenhöschen, einen zerlumpten Pullover aus glücklicheren Tagen und drei weich gewordene Kekse.
Man hatte ihr gesagt, dass es für eine Maus leicht sei, per Anhalter zu fahren, dass jeder anhalten würde, aber das stimmte nicht. Sie brauchte einen Monat, um die Vororte hinter sich zu lassen, und das richtige Land erreichte sie erst, nachdem sie den ganzen Herbst durch den Stadtrand geirrt war. Aber als sie sich schließlich am Rand eines

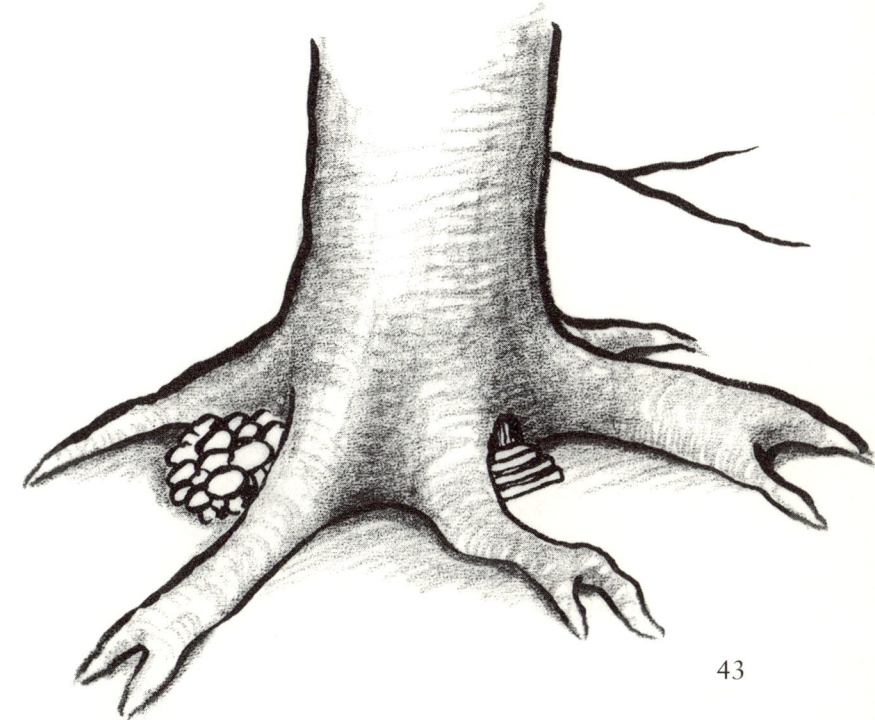

6. Januar

Waldes niedergelassen hatte, mit Blick auf einen Obstgarten, der sanft zum Fluss hinunter abfiel, und rundum waren Pilze, Blumen jeglicher Art, und, am Fuße des Baumes, wo sie wohnte, Wurzeln und Trüffeln, ja, da wusste sie ihr Glück zu schätzen.
Welch eine Ruhe! Wie glücklich sie war!
Danach passierte nichts mehr in ihrem Leben. Deswegen gibt es auch nichts mehr über sie zu erzählen.

7. Januar

F. W. H.

Es war an einem 7. Januar. Chloé erinnerte sich, als wäre es gestern gewesen.
„Die Ober-Hexe leitete die Zeremonie und hatte das Spezialgebräu für meine Taufe zubereitet. Man hatte mich von Kopf bis Fuß in blasslila Musselin gekleidet. Die Lehrlinge waren ganz in Blau. Mit unseren gräulichen Gesichtern sahen wir alle aus wie unheimliche Nachtfalter, super.
Die Ober-Hexe kam und nahm mich an der Hand und tauchte mich in den Kessel, ehe ich piep sagen konnte. Ich habe die Brühe geschluckt. Aber genau darum ging es, darin bestand die Taufe. Und ihr könnt mir glauben, das war schwer runterzubekommen: Krötenschleim, Spinnenblut, Quallensaft, das volle Programm."
Chloé erzählt ihren faszinierten Freundinnen von ihrer Taufe. Das konnte sie jetzt tun, denn sie war keine Hexe mehr und nicht mehr verpflichtet, über die F. W. H.*, der

* Nicht etwa: Fahrgemeinschaft wilder Heidschnucken, sondern Fabelhafte Welt der Hexen.

sie nicht mehr angehörte, Stillschweigen zu bewahren. Um die ganze Wahrheit zu sagen, man hatte sie rausgeschmissen. Denn wenn man zu nett ist oder sich über die anderen Hexen lustig macht, wird man aus der Fabelhaften Welt ausgeschlossen.

Man trifft oft auf Ex-Hexen, die noch einige Spuren ihres früheren Lebens an sich tragen: Sie haben üble Laune, und wenn man genau Acht gibt, entdeckt man an ihrer Nase kleine rote oder rötliche Spuren, die tatsächlich Überreste von Bisswunden sind. Achtung! Sie sind immer noch gefährlich. Denn manchmal bekommen sie Lust wieder Hexen zu werden. Und da sie dazu nicht das Recht haben, werden sie noch schlimmer als die echten.

8. Januar
Zwillinge

Der helle Vollmond schien noch größer und leuchtender als gewöhnlich. Die letzten Wolken verzogen sich im bläulichen Schwarz. Es war kalt.

Im Schnee, der seit dem Morgen ohne Unterbrechung gefallen war, gab es keine Spuren und die Umrisse der Hügel waren sanft und funkelten mancherorts. Als Tomi im Zickzacklauf aus dem Wald hervorschoss, in einer Wolke aus Pulverschnee, bemerkte ihn Jason sehr schnell, obwohl er noch eine gute Strecke von ihm entfernt war.

Jason war ein sehr ruhiger Hase, ganz im Gegensatz zu Tomi. Es überraschte ihn kaum, seinen Bruder hin und her rennen zu sehen. Aber als er sah, dass Alex, der Fuchs, hinter ihm her war, stellte er sich auf seine Hinterbeine und suchte seinerseits auch alsbald das Weite.

Da er langsamer lief als Tomi, holte der Fuchs ihn rasch ein …

Jason war das, was man einen nachdenklichen Hasen nennen könnte, das heißt ein Hase, dem es nicht genügt, wie ein Blöder zu rennen. Da er wusste, dass er im Wettrennen keine Chance gegen den Fuchs hatte, wurde er langsamer und tat so, als ob er humpelte.

Alex stürzte sich auf ihn, und weil er rätselte, warum Jason so gelassen schien und plötzlich humpelte, fragte er ihn spöttisch: „Na, hast du dir den Knöchel verstaucht?"

„Nein", antwortete Jason. „Es ist das Knie."

„Seit wann haben denn Hasen Knie?", fragte Alex, dem man nichts vormachen konnte.

„Seitdem wir Beine haben", sagte der Hase. „Ich habe zwei Knie, ihr habt zwei Knie, sie haben zwei Knie", sagte Jason und begleitete seine Antwort mit einer kreisförmigen Geste, die die ganze Welt umschloss.

„Das sagst du, um mein Mitleid zu erregen", sagte Alex. „Leider funktioniert das nicht. Füchse sind nicht weichherzig, und schon gar nicht weich in der Birne."

„Das ist nicht das Problem", sagte Jason. „Ich sag's dir doch: Ich habe eine Kniekrankheit, und keiner weiß, was es ist."

„Und deswegen bist du natürlich nicht so gut zum Verzehr geeignet", frotzelte der Fuchs.

„Das ist nicht das Problem", sagte Jason. „Aber ich muss mir die Eisenstücke rausnehmen lassen, die seit meiner Operation im Knie sind."

„Du hast Eisen im Knie?", fragte Alex ungläubig. „Aber ich mag Eisen. Das gibt Kraft. Nicht wahr?"
„Kein Problem", sagte Jason. „Die Sache ist nur die …"
Jason wusste nicht mehr, was er noch sagen sollte. Wo blieb nur Tomi? Was machte der denn so lange?
Glücklicherweise hatte Tomi Zeit gehabt, sich wieder in den Griff zu kriegen, und war einen großen Bogen gelaufen. Er stürzte sich auf den Fuchs, der durch das Gespräch mit Jason abgelenkt war, und versetzte ihm mit einem Holzscheit einen gewaltigen Schlag auf den Schädel. Seitdem sie klein waren, hatten Tomi und Jason, die Zwillinge waren, es nie nötig gehabt, miteinander zu reden, um sich aus schwierigen und manchmal gefährlichen Situationen zu befreien.
Als der Fuchs bewusstlos auf dem Boden lag, klatschten sie entzückt in die Hände.
„Eins … zwei … drei", sagte Jason.
Bei drei zog Tomi ab wie ein Pfeil.
Jason hoppelte auch los, aber etwas später, wie immer.
Sie liebten es, im Neuschnee um die Wette zu rennen. Tomi gewann immer. Jason wusste, dass Tomi gewinnen würde, aber das war ihm egal. Und er wusste, dass Tomi nicht wusste, dass er es wusste.

9. Januar

Das ideale Kaninchen

Seraphine wollte sich unbedingt verlieben.
„Ich will mich verlieben, ich will mich verlieben, ICH WILL MICH VERLIEBEN", das wiederholte sie ständig vor ihrem Spiegel – am Morgen, am Abend, aber auch gegen Mittag, gegen drei Uhr, vier Uhr und vor dem Abendessen.
Jedes Kaninchen, das sie traf, war das ideale Kaninchen. Nach einigen Tagen des Zusammenlebens in diesem oder jenem Bau wurde ihr aber klar, dass das ideale Kaninchen nicht überall herumlief und nicht so ohne weiteres aufzutreiben war.
Und im Übrigen, gab es überhaupt ein ideales Kaninchen? Sie selbst war auch nicht vollkommen. Das sagte ihr zumindest ihr neuer Freund Sascha, den sie vor einigen Tagen kennen gelernt hatte.
„Ich habe nicht gesagt ‚vollkommen'", protestierte Seraphine, „ich habe gesagt ‚ideal'. Das ist ganz und gar nicht dasselbe. Ich bin sicher, dass es das gibt, ICH WEISS ES."
„Beschreib mir mal das ideale Kaninchen", sagte Sascha.

„Nun, das wäre ein Kaninchen, das etwas Eigenes hat und mit dem man gleichzeitig gut auskommt …"

„Unmöglich", warf Sascha ein.

„Lass mich doch aussprechen", sagte Seraphine. „Also eigen und umgänglich, schlagfertig und bedächtig in seinen Gedanken …"

„Lächerlich", sagte Sascha.

„Schlank, aber kein Gerippe, muskulös, aber auf keinen Fall ein Sportlertyp … auf keinen Fall!"

„Also so etwas wie eine Art Kaninchengott", sagte Sascha.

„Außerdem bescheiden, aber doch auch selbstsicher."

„Meinst du nicht, dass du ein bisschen viel verlangst?", fragte Sascha. „Bis auf einige Kleinigkeiten bin ich das Kaninchen, das du suchst. Ein Jammer nur, dass du aber mir nicht so unheimlich gut gefällst."

„Oh! Aber du mir auch nicht!", sagte Seraphine. „Das ist ja mein Pech. Hier habe ich das ideale Kaninchen vor mir und ich bin nicht in es verliebt. Wie kommt das?"

„Das liegt daran, dass du die Hauptsache vergessen hast, mein Schatz", sagte Sascha.

„Und was ist das, die Hauptsache?"

„Die Hauptsache ist, zu wissen, dass es das ideale Kaninchen nicht gibt, mein armer Liebling."

10. Januar

Hallo Hector!

Lise hatte sich auf einem blauen Samtsofa niedergelassen, mit einem Buch, das sie eigentlich gar keine Lust zu lesen hatte. Also nahm sie das Telefon und rief ihre Freundin Angela an, um sie zu fragen, ob sie nicht Hector anrufen und ihm sagen könnte, er möge sie zurückrufen.
„Und warum machst du das nicht selbst?", fragte Angela.
„Weil ich nicht sicher bin, ob er Lust hat mich anzurufen. Dir würde er sich trauen das zu sagen, aber wenn ich ihn direkt an der Strippe habe, wird er sich vielleicht genieren. Und ich habe eine Riesenlust mit ihm zu sprechen."
„Gut", sagte Angela. „Ich rufe dich zurück."
„Hallo, Hec! Grüß dich. Wie geht's? Ich bin's, Angela. Sag, könntest du vielleicht Lise anrufen, sie hat Lust mit dir zu reden, aber sie weiß nicht, ob du auch Lust dazu hast."
„Klar, da habe ich große Lust zu", sagte Hector.
„Gut, also tschüs dann", sagte Angela.
Sie legten auf. Hector rief Lise an: „Hallo. Hey. Grüß dich. Wie geht's? Ich bin's, Hector."

10. Januar

„Hey, grüß dich, wie geht's?", sagte Lise, etwas verlegen.
„Geht so", sagte Hector. „Und bei dir?"
„Geht so", sagte Lise.
„Gut, also tschüs dann", sagte Hector.
„Tschüs dann", sagte Lise fröhlich.
Gleich rief sie Angela an:
„Hallo, Angela. Mensch, Hector hat mich angerufen. Super."
„Ich weiß. Du hast mich ja gebeten ihn anzurufen und ihm zu sagen, dass er das tun soll."
„Tja und, wie geht's?"
„Klar, geht so."
„Gut, also tschüs dann."
„Tschüs."

11. Januar

Also, jetzt bin ich groß

Kim hatte, wie alle Mäuse-Teenager, Lust groß zu werden. Aber sie wusste, dass es ihr nicht leicht fallen würde, sich von ihren Spielsachen zu verabschieden.

Sie versammelte sie alle vor sich und sagte: „Nun, meine Kinder. Ich bin jetzt groß. Ich habe sogar meine Eltern gebeten mich nicht mehr Kiki zu nennen. Hört ihr mir zu? Ich werde euch mein ganzes Leben bei mir behalten. Aber aufgepasst! Ich werde nicht mehr mit euch spielen. Das kann ich nicht mehr machen. Es ist nicht so, dass ich keine Lust mehr dazu hätte, aber es gibt ein Alter, wo man sich entschließen muss groß zu sein. Ich weiß, das ist schwer für euch. Wenn ich sage: ‚Ich will nicht mehr mit euch spielen', so heißt das nicht, dass ich euch nicht mehr sehen werde. Ihr werdet in meinem Zimmer sein und ich werde jeden Abend ‚Gute Nacht' zu euch sagen, und jeden Morgen ‚Guten Tag', ihr werdet mir beim Anziehen zugucken und so weiter. Und da ist noch etwas, von dem ich möchte, dass ihr es wisst: Ich verspreche euch, dass ich keine anderen

11. Januar

Spielsachen haben werde. Gut, in Ordnung, einmal spiele ich noch mit euch. Aber das ist das letzte Mal. Nur, ihr müsst mir versprechen mich nicht mehr so anzusehen. Sonst werde ich niemals diese Entscheidung treffen können, die mir so schon schwer genug fällt. Habt ihr verstanden?"
Was Kim nicht wusste, war, dass man eine solche Entscheidung gar nicht treffen kann.

12. Januar
Der schreckliche Doktor Jean

Doktor Jean war ein großer, hagerer, dürrer Kobold, er hatte ungefähr die Größe – und das Aussehen – eines alten Eichhörnchens. Er war blass und seine ehemals rötlichen Haare waren jetzt grau und schmutzig und zu einem Rattenschwanz zusammengebunden.
Die Heilkunst hatte er in China gelernt, was ihm den Ruf eines weit gereisten Koboldes eintrug. Was er eigentlich am liebsten tat, war angeln zu gehen. Da fing er Forellen, die dicker waren als er – und die er gleich wieder ins Wasser warf, denn wer will schon einen Fisch essen, der dicker ist als man selbst?
„'ehmen chie chofort den 'aken 'aus, 'er Chpach ist 'orbei", sagte Germaine, die Forelle, sobald sie aus dem Wasser war, mit dem Angelhaken in der Unterlippe.
Der Doktor kam fast um vor Lachen.
„Versuch's doch selbst, dummer Fisch", sagte er zur Forelle. „Ach! Ihr gebt immer an, wie ihr da gegen die Strömung schwimmt und dabei mit dem Hintern wackelt, und wie ihr

12. Januar

zwischen den Felsen hochspringt, und der ganze Zinnober. Aber sobald man euch drei bunte Federn unters Maul hält, könnt ihr es euch nicht verkneifen, danach zu schnappen, und schon seid ihr am Haken! Daran kann man mal wieder die unergründliche Dummheit der Kaltblüter erkennen!"

Seine Leidenschaft fürs Angeln hatte Doktor Jean in den Ruf gebracht, grausam zu sein. Er hatte tatsächlich keinerlei Achtung für Tiere ohne Pfoten und er versäumte keine Gelegenheit es ihnen zu sagen. Aber man sollte ihn nicht vorschnell verurteilen.

Er hatte eine Koboldin slawischer Herkunft geheiratet, Olinka, die das ganze Gegenteil von ihm war: sanft und friedlich, von übertriebener Bescheidenheit. Sie gehorchte ihm in allem. Und was ihre Freundinnen am meisten nervte, war, dass sie ihren Mann für alles, was er tat, zu bewundern schien. „Ist er nicht toll?", fragte sie jeden, ohne eine Antwort zu erwarten.

An diesem Abend kam Doktor Jean mit blendender Laune nach Hause. Keine Woche verging, ohne dass er eine Forelle fing. Darauf war er sehr stolz, und heute Abend noch mehr, denn er hatte zwei gefangen. Wie gewöhnlich erwartete seine Frau ihn zum Abendessen: Der Tisch war gedeckt und das Essen blieb auf dem Herd warm.

12. Januar

„Ah! Ich habe eine Überraschung für dich, mein Lieber", sagte sie. „Rate mal, was im Kartoffelauflauf ist."

„Du weißt, dass ich immer alles errate", sagte Jean, etwas zu selbstsicher.

Liebevoll blickte Olinka ihn an.

„Das weiß ich wohl, mein Lieber, aber diesmal mache ich mir den Spaß dir ein kleines Rätsel aufzugeben."

„Was soll's?", dachte sie. „Wenn es ihm Vergnügen bereitet, zu glauben, dass er immer alles errät, nur weil er Arzt ist. Warum soll ich ihm seine Illusionen nicht lassen? Ich möchte, dass er glücklich ist und nicht unglücklich."

Sie servierte das Abendessen. Der Kartoffelauflauf verbreitete einen Duft, der einem das Wasser im Munde zusammenlaufen ließ, würzig … und ungewohnt.

„Nun", sagte sie. „Was ist es?"

Doktor Jean schnupperte, schnupperte noch einmal, kostete, kaute, kostete wieder, kaute noch einmal, überlegte eine ganze Weile und sagte, mit einem Ausdruck, der Überzeugung und Genugtuung widerspiegelte: „Auf jeden Fall sind da Kartoffeln drin."

„Das ist korrekt."

„Siehst du", sagte er, „ich bin gut, nicht?"

„Und weiter?", fragte Olinka.

„Da ist auch ... Petersilie."
„Sehr gut, aber nicht schwer", sagte Olinka.
„... da ist ..."
Doktor Jean kaute lange, ohne runterzuschlucken – was Olinka etwas gegen den Strich ging – und dann fragte er, etwas erschrocken: „... Fischreiher???"
„Aber nein!", sagte Olinka.
„... Frosch???", sagte er, mit wachsendem Argwohn.
Olinka verdrehte die Augen und schüttelte den Kopf.
„Errätst du es nicht?", fragte sie. „Das wundert mich bei dir. Auch wenn du es jeden Tag sagst, bist du doch nicht unfehlbar! Wirklich erstaunlich! Ich sollte unsere Freunde herbeirufen, um es zu Protokoll zu geben ... Nun gut, mein Freund, es ist Forelle! Ganz einfach Forelle."
Doktor Jean spuckte plötzlich alles, was er noch im Mund hatte, aus und erhob sich angewidert vom Tisch.
„Forelle! Aber wer hat dir die Forelle gebracht? Und was sind das für Sitten, Forelle zu essen? Mit denen spreche ich, mit den Forellen, den ganzen Tag treiben wir Schabernack miteinander! Und jetzt servierst du mir eine zum Essen!"
Die Kobolde sind nicht immer das, was man von ihnen denkt.

13. Januar
Rotkehlchen

Tim, das Rotkehlchen, flog spazieren, von einem Busch zum nächsten. Es war diesig. Ein sehr feiner Schnee fiel aufs Land, das bereits weiß war. Aber der Schnee war nicht sehr dicht und erlaubte es Tim nachzusehen, ob die Früchte der Heckenrosen rot waren. Tim hatte keinen Grund sich zu beklagen. Und doch fehlte ihm etwas. Er dachte, dass ein Tag wie dieser viel angenehmer gewesen wäre, wenn ihn Martha begleitet hätte. Er hätte es genossen, diesen Spazierflug, diese Beeren, die köstlich sauer und süß zugleich waren, und das Leben im Allgemeinen, wenn er es mit jemand hätte teilen können.
Seit dem Frühling war er in Martha verliebt. Er hatte ihr vorgeschlagen, ein Nest mit ihm zu teilen, aber Martha hatte glattweg abgelehnt. Immer wenn er daran dachte, fand Tim, dass er sicherlich nicht genug getan hatte, damit sie sich in ihn verliebt. Heute würde er anders handeln.
„Und warum denn eigentlich nicht?", dachte er, als er sich Marthas Wohnung näherte.

13. Januar

Martha hatte keine sonderlich rote Kehle, vielleicht wegen ihres Alters. Tim dachte, sie hätte vielleicht gern eine genauso rote Kehle wie er, und da hatte er eine Idee. Er sammelte so viel wie möglich Fruchtfleisch von den Heckenrosen in seinem Mund und wartete geduldig darauf, dass Martha rauskam.

Kaum bemerkte er eine Bewegung in der Nähe des Nestes, da stürzte Tim los und spuckte das rote Fruchtfleisch auf Martha. Aber es war gar nicht Martha. Es war ihr Vater, Chlodwig, ein altes, mürrisches Rotkehlchen. Er bekam das ganze rote Fruchtfleisch auf den Kopf.

Tims ganze Hoffnungen Martha betreffend waren mit einem Schlag zunichte und er kehrte nicht nur nieder-

13. Januar

geschlagen heim, sondern auch noch absolut gedemütigt durch die Schelte, die er einstecken musste.

Umso größer war seine Überraschung, als am nächsten Morgen Martha, ja, Martha vor seiner Tür stand!

„Oh! Martha … Guten Tag, aber …"

„Weißt du, wir Mädels, wir haben nicht die geringste Lust euch zu ähneln, falls du das denkst. Mit eurer roten Kehle, die man schon von weitem sieht, seht ihr ziemlich lächerlich aus. Aber ich musste ziemlich lachen, als Papa nach Hause kam, mit seinem Kopf wie ein Dompfaff."

Es ist noch nichts verloren, dachte Tim.

14. Januar
Wo ist die Sonne hin?

Jetzt regnete es schon seit vierzehn Tagen. Das Dorf war überschwemmt, sodass die Hauptstraße sich in einen reißenden Bach verwandelt hatte.
Weil die Forellen wussten, dass die Kobolde sie nicht fischen würden – sie hatten andere Dinge zu tun, wo doch das Wasser alles überschwemmte; außerdem wurden Fischer-Kobolde immer seltener –, kamen sie bis zu den Türschwellen der Häuser, um sich über die Bewohner lustig zu machen.
„Holla!", sagten sie. „Ihr seid schön angeschmiert mit diesem ganzen Wasser, was? Jetzt würdet ihr gern so schwimmen können wie wir, was? Tja, is nicht!"
Und sie lachten wie von Sinnen und drehten kleine Kreise. Der Himmel war grau, grau, grau, und der Regen fiel, fiel, fiel.
„Was ist bloß aus der Sonne geworden?", fragte Ophelia jedes Mal, wenn sie ein Boot voller Kobolde an ihrem Fenster vorbeifahren sah. „Es gibt nicht mal mehr Schatten."
Ophelia war eine Koboldin mit einer Besonderheit: Im

14. Januar

Gegensatz zu den andern hatte sie nichts Besonderes an sich. Darüber waren sich alle einig. Selbst dieser Geschichte vom verschwundenen Schatten, die an sich sehr beunruhigend war, schenkte niemand Beachtung, weil jeder Ophelia für uninteressant hielt.

Der Tag verlief also ganz normal. Seit dem Jahresbeginn hatte die Sonne sich nicht ein einziges Mal gezeigt. Nicht einmal zwischen zwei Wolken, nicht einmal hinter einem Baum oder für einige Sekunden hinter dem Horizont, wie um „kuckuck" zu rufen, bevor sie unterging.

So begann man doch über Ophelias Frage nachzudenken. Es wurde beschlossen, dass der Rat der Weisen im Wald zusammentreten sollte, und eines Abends konnte man alle Kobolde des Waldes dorthin strömen sehen.

In der Mitte der Hauptallee des Waldes, der einzigen, die nicht überflutet war, weil sie etwas höher lag, erstreckte sich ein langer Zug von Kobolden, so weit das Auge reichte. Einige trugen Plakate, auf denen verschiedene Sachen geschrieben waren, manchmal allerdings nur ein großes Fragezeichen.

Gegen vier Uhr nachmittags hörte der Regen auf. Und die Sonne ließ sich blicken, majestätisch, als ob nichts gewesen wäre.

15. Januar
Plötzlicher Wohnungswechsel

Dieses Fleckchen Erde trug zu Recht den Namen „Klein-Sibirien". Während es anderswo einfach nur kalt war, erreichte das Thermometer hier Rekordminustemperaturen, und genau deswegen hatte Jimi diesen Ort gewählt. Was die Häsin Mascha anging, so war sie trotz ihrer russischen Herkunft solche Temperaturen kaum gewohnt, und sie fragte ihren Mann oft, ob sie sich nicht auf dem Bergkamm ansiedeln wollten, wo die Sonne ein paar Stunden mehr am Tag schien als weiter unten … Aber Jimi liebte dieses Tal. Gerade wegen seines Schattens. Es erinnerte ihn an seine Kindheit und an seinen Großvater, der ihm die Namen all der Pflanzen beigebracht hatte, die keine Sonne mochten. Was also tun? Mascha wurde immer öfter krank. Aber umziehen, in ihrem Alter! Was sollte das wohl werden? Sie fühlten sich wohl bei sich zu Hause, hatten ihre festen Gewohnheiten, ab und zu kamen die Nachbarn zum Essen. Das alles umwerfen für das Unbekannte, da oben? Und dann diese Landschaft, dieses kleine Tal, dieses Gehölz,

15. Januar

die verschneiten Tannen, die mit Raureif bedeckten Äste im blauen Morgenhimmel, würden sie das da oben wiederfinden?

Nein, ganz sicher, Jimi dachte, dass es besser wäre, sich nicht von der Stelle zu rühren. Und wenn der Frühling erst da wäre! Dann würde alles besser werden!

Mascha sagte nichts mehr zum Thema Umzug, aber sie ging immer seltener aus. Die einzige Abwechslung, die sie sich erlaubte, bestand darin, ab und zu Alice, die gegenüber wohnte, einen kleinen Besuch abzustatten.

Eines Tages verstopfte ein Schneerutsch den Eingang ihres Baus. Jimi grub und grub, aber er gelangte nicht mehr ins Freie. Um rauszukommen, musste er den Notausgang benutzen, der durch Alices Badezimmer führte, und das war etwas unangenehm. Er nahm trotzdem diesen Weg und landete wie erwartet im Badezimmer von Alice, die gerade ein Bad nahm.

„Mein Gott, Jimi! Was machst du denn hier?", fragte sie ihn und stürzte sich auf ein Handtuch, um ihre Blöße zu bedecken (obwohl sie genauso gut in ihrem Schaumbad hätte sitzen bleiben können, da hätte Jimi nichts gesehen). Jimi erzählte ihr, wie es Mascha ging, und sie beschlossen, an diesem Tag alle drei zusammen zu Abend zu essen, weil Jimi und Mascha nicht mehr ausgehen konnten. Im Laufe des Abendessens äußerte Jimi seine Besorgnis über diesen neuen Schneerutsch und Alice stimmte ihm zu. Sie sagte, dass sie oben auf den Hügel ziehen werde, wo es tagsüber einige Grad wärmer war.

Und Jimi sagte: „Warum nicht?"

16. Januar

Des Reisens Lust und Qual

Hans reiste viel und weit, aber er war auch eine ausgemachte Angstratte, ja, eine ausgemachte Angstratte. Und jeder wusste das. Seine Freunde machten sich oft deswegen über ihn lustig.

Aber das nahm er ihnen nicht übel. Er gab ja selber zu, dass er allzu vorsichtig und eher etwas ängstlich war. Dank seines Humors konnte er offen darüber lachen und sich so seine Freunde bewahren.

Wenn er auf Reisen ging, waren seine Koffer voll gestopft mit Verbandszeug, Schmerzsalben und Augentropfen. Und natürlich litt er meistens an irgendwelchen Wehwehchen, für die er keine Arzneimittel mitgenommen hatte. Wenn er Bauchweh bekam, dann hatte er nur Aspirin dabei, und bei Kopfschmerzen nur Kohletabletten. So war Hans eben.

Was den Reisekomfort betraf, dachte Hans allerdings immer an alles. Regenmäntel und Strohhüte, Stiefel und Sandalen, Shorts und Samthosen, Hemden mit kurzen

Ärmeln und dicke Kaschmirpullover. Und weil er eine dickleibige Ratte war, waren seine Kleider groß und nahmen viel Platz ein. So reiste er stets mit drei Säcken, die prall gefüllt waren: einen großen Sack in der rechten Hand und zwei mittelgroße über der Schulter.

Außerdem trug er wegen seiner Angst vor den Sonnenstrahlen ständig eine Sonnenbrille und hatte einen Panamahut über die Ohren gezogen.

Als er an der Tür des „Petit Hôtel des Marguerites" klingelte, dessen Terrasse, hinter einer Oleanderhecke, über das Mittelmeer hinausragte, dachte der Geschäftsführer, eine korsische Ratte mit einem kleinen gewichsten Schnurrbart, dass er einen Dieb vor sich hätte, und schlug ihm die Tür vor der Nase zu.

Hans war sehr verärgert. Aber weil er die Erfahrung gemacht hatte, dass er oft zuerst so einen fürchterlichen Eindruck machte, sagte er durch die Tür, dass er ein ehrlicher Reisender sei und mit Knoblauchkäse bezahlen würde. Und dass er außerdem selbst auch mehr oder weniger Korse sei. Zum Beweis führte er den Namen eines angeheirateten Cousins an.

Die Tür ging auf und der Hotelier ließ ihn mit einem breiten Lächeln eintreten. Er entschuldigte sich für das

16. Januar

Versehen, zumal er Verwandte hatte, weit entfernte Verwandte – aber trotz alledem Verwandte –, die denselben Namen trugen.

Hans trat ein, trug sich im Gästeverzeichnis ein, schäkerte mit einem jungen Dienstmädchen, stieg hinauf in sein herrliches Zimmer und trat auf den Balkon heraus, um die wunderbare Aussicht zu genießen und den Duft des Oleanders zu riechen, der sich mit der Seeluft mischte.

Durch die Blätter sah er das tiefblaue Meer. Der sanfte Hauch einer leichten Brise ließ die Wasseroberfläche erzittern. Am Horizont zeichnete sich im lila Nebel eine felsige Insel ab.

„Mein Portmonee!", schrie Hans, als er sich an die Tasche fasste.

Er hatte es an der Rezeption vergessen. Er stürzte ins Erdgeschoss und sah sein Portmonee, das da brav auf ihn wartete, mutterseelenallein auf dem Tresen liegen. Er nahm es an sich, guckte, ob etwas fehlte, und stieg dann erleichtert und mit ruhigem Schritt in sein Zimmer zurück.

Als er oben angekommen war, bemerkte er, dass er seine Tür nicht geschlossen hatte, er sah sie hinten am Ende des Flures halb offen stehen. Er begann zu laufen, betrat sein Zimmer, wo alles unverändert war, und verspürte einen

16. Januar

heftigen Schmerz in der Brust. Er legte sich aufs Bett und geriet in echte Panik.

Nach einem Moment, als er trotz der anhaltenden Schmerzen etwas zu Atem gekommen war, begann er in seiner Reiseapotheke zu kramen. Aber er hatte kein Herzmittel mitgenommen.

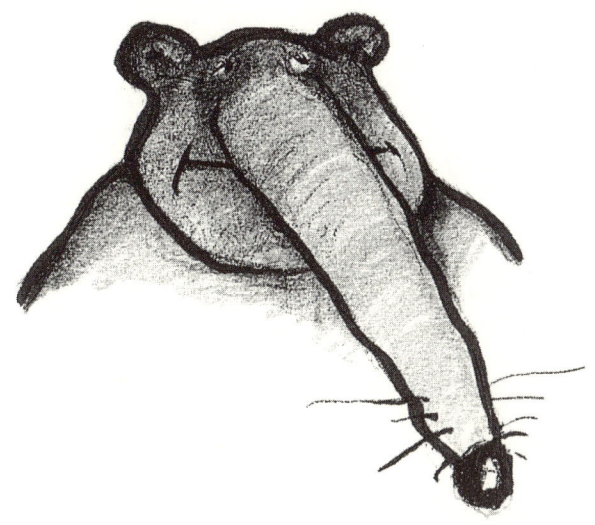

17. Januar
Eine echte Prinzessin

Auch Joachim reiste viel und gern, aber auf eine andere, ganz besondere Art und Weise. Das hatte nichts mit einer Ratte zu tun.

Er war ein junger, forscher Kobold, der sich bester Gesundheit erfreute. Viele Koboldinnen waren verliebt in ihn, ganz besonders zwei oder drei von ihnen. Eine davon war seine älteste Freundin Line. Sie kannten sich, seitdem sie anderthalb Monate alt waren, und es war mehr als eine einfache Liebelei.

Joachim reiste viel, weil er, so gab er vor, in seiner Heimat „keine echte Prinzessin zum Heiraten" finden konnte.

Er wollte unbedingt eine Prinzessin heiraten. Bei sich zu Hause hatte er absolut keine Chance eine kennen zu lernen, aus dem einfachen Grund, dass es keinen König und also auch keine echte Prinzessin gab.

Aber in allen Ländern, die er besuchte, waren die Prinzessinnen viel zu groß für ihn.

Also kehrte er nach Hause zurück und heiratete Line, die

17. Januar

untröstlich gewesen war, als er ausgezogen war eine andere zu heiraten. Seit dem Tag ihrer Hochzeit nannte Joachim Line „meine Prinzessin".
Nun, und nach alledem waren sie beide sehr glücklich.

18. Januar
Egoistisch wie eine Schnecke

Egoistisch wie eine Schnecke. Kein Wunder, dass man das so oft sagt.

Dafür gibt es reichlich Beispiele. Yvon ist nur eines unter vielen.

Yvon wohnte am Rand der Straße zwischen Clohidic und Doualec-sur-Mer, nicht weit vom Atlantik. Auf dieser Straße fahren nur wenige Autos.

Er hatte eine Freundin, eine sehr gute Freundin, Françoise, die er meistens Çoise oder Soizic nannte. Çoise war selbst sehr egoistisch und so störte sie dieser Wesenszug Yvons nicht sonderlich.

Eines Tages bat sie ihn um einen Gefallen und Yvon lehnte glattweg ab. Sie hatte damit gerechnet, dass er ihr diesen Gefallen abschlagen würde, denn immerhin handelte es sich darum, die Straße zu überqueren und ihr ein Kohlblatt zu holen. Aber wenigstens hatte sie es versucht.

Der Tag verlief ganz normal, und als Çoise vom Jogging

18. Januar

nach Hause kam, da war es an Yvon, Çoise um etwas zu bitten. Und sie erklärte sich bereit dazu. Es gibt nämlich verschiedene Stufen des Egoismus.

19. Januar

Die andern

„Ich bin kein Bär wie alle andern, o nein. Da kannst du viel reden, ich bin zum Beispiel nicht so wie du."

„Ach, tatsächlich? Und was ist anders an dir? Ich bin mir so gut wie sicher, dass jemand, der uns nicht kennt, uns nicht auseinander halten könnte. Du hast das gleiche Maul, die gleichen Ohren, die gleichen Tatzen wie ich und außerdem hat unser Fell die gleiche Farbe."

19. Januar

„Du verstehst nicht, was ich meine. Ich bin ein Bär, das weiß ich selbst, red doch keinen Stuss. Und du bist eine Bärin, das ist klar. Äußerlich sehe ich dir ähnlich. Das ist wahr. Aber der Beweis, dass ich nicht so bin wie du, liegt darin, dass ich denke, ich bin anders als du, und du, du tust das nicht. Das ist alles."

„Ach! Du meinst innerlich?"

„Ja, innerlich. Das ist es, was zählt, oder nicht?"

„Ich weiß nicht."

„Da siehst du, dass wir verschieden sind!"

20. Januar
Schneeflocken, die nicht schmelzen

Es schneit, und die Flocken, die auf Jims Fell fallen, schmelzen nicht. Darauf ist er sehr stolz. Dabei ist es heute gar nicht so kalt.
Seine Freunde gucken ihn schief an.
Bei den Eichhörnchen kann man die Qualität eines Felles daran messen, wie lange sich Schneeflocken unversehrt darauf halten können: Je besser das Fell frisiert ist, desto dichter ist es und desto länger kann sich der Schnee – der dann weit vom Körper entfernt ist – halten, ohne sich in Wasser zu verwandeln und ganz jämmerlich auf den Boden zu tropfen, wo er eine verdächtige Pfütze hinterlässt.
Aber Jim schummelt.
Anstatt sein Fell zu frisieren, trägt er ein Mittel auf, eine Art Lack, der die Haare vor der Körperwärme isoliert und den Schnee so viel langsamer schmelzen lässt.
Keiner hat den Schwindel bemerkt. Und Jim lacht sich ins Fäustchen.
Aber wie lange wird das noch gut gehen?

21. Januar
Die Geschichte von Weißkehlchen

Es war einmal ein Rotkehlchenpaar, das gern Eier haben wollte, es aber nicht schaffte.

Also beschlossen sie, eins zu adoptieren. Sie fanden eins in einem verlassenen Nest und brüteten einige Zeit darüber, ohne allerdings genau zu wissen, wie lange das nötig wäre. Nach zwei Wochen wurde ihnen die Zeit doch etwas lang, und derjenige, der gerade brütete, hob seinen Hintern, um zu gucken, wie weit das Ei denn nun war. Da lag nichts weiter als ein kleines unbewegliches Ei, das nicht viel hermachte.

Ungeduldig, wie sie waren (es waren junge, unerfahrene Rotkehlchen), begannen sie kleine Löcher hineinzubohren, um zu sehen, was drin war.

Da entdeckten sie ein kleines gelbliches verschrumpeltes Vögelchen, das erst den Kopf raussteckte und dann den ganzen Körper. Es hatte nicht eine Feder am Leib. Kaum aus dem Ei gekrochen begann es auch schon zu brüllen, dass es hungrig sei.

21. Januar

„Wie schrecklich!", rief Vater Rotkehlchen. „Ich haue ab."
„Aber nein!", sagte die Mutter. „Warte doch! Das ist kein Monster, das ist ein Kind! Alle Kinder sind so. Nun hol ihm doch was zu essen."
Der Vater war nicht überzeugt. Er ging kein Essen suchen und kam erst am Abend wieder nach Hause.
„Wie kannst du dich mit so etwas abgeben?", fragte er. „Vergiss es und lass uns lieber ein anderes holen."
Aber damit war die Mutter nicht einverstanden und fütterte das Kleine, bis es Federn bekam.
Und siehe da! Welch eine Überraschung! Der Vogel hatte eine ganz weiße Kehle. Die Mutter nannte es Weißkehlchen und zog es tapfer alleine groß, ohne die Hilfe des nichtswürdigen Vaters.
Es kostete sie umso mehr Kraft und Ausdauer, als das Vögelchen ein sehr schwieriges Kind war.
Aber nach den Flegeljahren kam alles ins Lot und es wurde ein sehr netter Vogel, der, so seltsam das auch erscheinen mag, seinen Vater genauso sehr liebte wie seine Mutter.

22. Januar
Die Krokusse

Josef war eine philosophische Ratte. Nicht im eigentlichen Sinne, denn er konnte nur sehr schlecht lesen und praktisch gar nicht schreiben. Aber er nahm das Leben, wie es war, und regte sich selten auf.

„Ein Krokus ist ein Krokus. Daran können wir nichts ändern, so ist das nun mal", sagte er zu seiner Frau Karoline. Karoline dagegen war nie zufrieden.

Vor ihrem Haus erstreckte sich das schönste Krokusfeld, das man sich denken konnte. Aufgrund der ungewohnt milden Witterung blühten sie dieses Jahr etwas früher als sonst. Das mit gelben Tupfen übersäte Feld fiel leicht ab bis zum Teich, dessen Wasser sich, wer weiß wohin, zurückgezogen hatte und so den Blick freigab auf einen silbrigen Schlamm, in dem sich die untergehende Sonne spiegelte. Diese friedliche Landschaft erfüllte Josef mit Freude, während sie Karoline betrübte. Denn Krokusse konnte man nicht essen.

„Es gibt so viele Sachen auf der Welt zu essen; also warum

22. Januar

willst du unbedingt diese schönen Blumen essen, die, wie du weißt, giftig sind?", fragte Josef.

„Ach, was für'n Mist!", sagte Karoline. „Stell dir vor, das wären Mohrrüben."

„Natürlich kann ich mir das vorstellen. Aber wozu sollte das gut sein? Das sind nun mal keine Mohrrüben. Also was soll's?"

„Ich weiß", sagte Karoline verärgert. „Aber denk doch nur."

„Gut. Na und?"

„Na, dann hätten wir bis zum Ende unserer Tage ausgesorgt", sagte Karoline. „Das wäre doch wunderbar. Dann hätten wir Ruhe."

„Willst du mir damit sagen, dass du gern die ganze Nahrung, die wir bis zu unserem Lebensende brauchen, vor der Nase hättest?", fragte Josef erstaunt.

„Ja", sagte Karoline. „Das würde heißen, dass es uns nie mehr an irgendetwas fehlen würde."

„Das würde auch bedeuten, dass wir unseren Tod Tag für Tag näher kommen sehen würden, und ich weiß nicht, ob mir das gefallen würde. Ich würde es mir nicht verkneifen können, die Karotten zu zählen."

„Und was würde das ändern?", fragte Karoline. „Wir wissen doch sehr gut, dass wir eines Tages sterben werden, oder nicht?"

„Ja, eines Tages", sagte Josef. „Aber nicht in 597 Tagen."

„Warum 597?", fragte Karoline. „Hast du etwa die Mohrrüben ... äh ... die Krokusse gezählt?"

„Nein, ich habe nur aufs Geratewohl so eine Zahl genannt, einfach so. Es könnten 597 sein. Oder 1265. Oder 439."

„Na gut!", sagte Karoline. „Dann dürfte man sie halt nicht zählen."

„Und wenn uns nur noch drei blieben", rief Josef, „nachdem wir das ganze Feld gegessen hätten, wäre es dann nicht schrecklich zu wissen, dass wir in drei Tagen sterben würden?"

„Ganz ruhig, Josef", sagte Karoline. „Das sind Krokusse! Reg dich nicht für nichts und wieder nichts auf."

„Ich rege mich nicht auf!", sagte Josef, außer sich. „Du bist es, die mich in diesen Zustand versetzt."

„Inzwischen habe ich Hunger gekriegt", sagte Karoline ...

„Wenn ich nur daran denke, was für ein Jammer, dass das keine Mohrrüben sind. Oder Runkelrüben. Denk mal, Runkelrüben. Ein riesiges Feld von Runkelrüben, die bis zum Ende unserer Tage ausreichen würden!"

„Karoline!"

23. Januar
Sechs Monate auf dem Regal

Wenn man sechs Monate auf einem Bücherregal verbringt, und sei es auch zu zweit, dann langweilt man sich.

Seit über sechs Monaten hatten Tomi und Prisca den Platz nicht gewechselt und sie hatten sich nichts mehr zu sagen. Und trotzdem passieren Dinge zwischen Teddybären, von denen keiner weiß, dass sie SEHEN und DENKEN können und dass sie miteinander SPRECHEN.

In der letzten Woche hatten die beiden einen Streit gehabt und seitdem hatte keiner von ihnen ein Wort gesagt.

„Wäre gar nicht schlecht, wenn wir wieder anfingen miteinander zu reden", sagte Tomi. „Wo wir uns schon nicht bewegen können …"

„Gut. Einverstanden", sagte Prisca. „Worüber sollen wir reden?"

„Ich weiß nicht, äh … Wie findest du den neuen Freund von Éloïse?"

„Fred?", sagte Prisca. „Nicht so toll. Ich mag keine Blonden. Ich finde, Blonde sind oft schlapp."

23. Januar

„Schlapp? Aber denk mal an Mohamed! Findest du den schlapp?"

„Nein, aber Mohamed ist dunkel. Tut mir Leid, aber seine blonden Haare sind nicht wirklich blond, wenn du's genau wissen willst."

„Meinst du? Daran habe ich nie gedacht. Färbt er sich?"

„Nein, er bleicht seine Haare."

„Aber wie denn? Ich, ich hab's satt, braun zu sein. Ich würde mich auch gern färben lassen."

23. Januar

„Man sagt nicht ‚sich färben lassen'. ‚Die Haare färben lassen', so wie ‚die Zähne ziehen lassen'. Sprich bitte korrektes Deutsch. ‚Die Haare färben lassen'. Es heißt: ‚Ich würde mir gern die Haare färben lassen.'"

„Ach! Du auch?"

„Aber nein. Ich sage, was du sagen sollst: Du möchtest, dass dir die Haare gefärbt werden."

„Färb dich doch selber!"

„Gut", seufzte Prisca. „Wenn es denn so ist, dann werde ich nichts mehr sagen."

Und so schweigen sie wieder sechs Monate lang.

24. Januar
Der neugierige Thomas

Eichhörnchen verreisen nicht, ganz im Gegensatz zu den Vögeln, mit denen sie dennoch unter einem Dach wohnen. Das hindert sie aber nicht daran, neugierig zu sein, und es kommt oft vor, dass sie ihren Nachbarn Fragen stellen.
„Aber holla! Aber holla!", rief Thomas, kaum dass sich Arthur auf einen Zweig neben ihn gesetzt hatte. „Wo kommst du denn heute her?"
„Oh! Ich komme von weit her", sagte Arthur.
„Woher?"
„Ich komme von der Küste, vom Meer. Anstrengend."
„Vom Meer???", fragte Thomas. „Wie ist das, das Meer? Ich habe es noch nie gesehen."
„Oh! Es ist groß ... endlos."
„Und weiter?"
„Es ist wie der Himmel ... aber auf der Erde ... wie ein riesiges Feld, so weit das Auge reicht, aber blau."
„Willst du damit sagen, blau wie ein Feld von Vergissmeinnicht?"

24. Januar

„Ja", antwortete Arthur. „Ein bisschen. Bei schönem Wetter ist das Meer so blau, ja, das kann man sagen."

„Wieso?", fragte Thomas, der immer neugieriger wurde. „Kann es etwa bei schlechtem Wetter die Farbe wechseln?"

„Natürlich", sagte Arthur. „Aber kannst du mich nicht ein bisschen in Frieden lassen? Ich komme gerade an und du stürzt dich auf mich, um mir einen Haufen Fragen zu stellen. Das ist anstrengend! Du brauchst nur zu verreisen, wenn du so neugierig bist!"

Und Arthur flog zu einem anderen Baum.

„Es wechselt die Farbe!", dachte Thomas. „Aber wie ist das möglich?" Das war das erste Mal gewesen, dass er jemanden ausgefragt hatte, der vom Meer heimkehrte. Er litt darunter, nur den kleinen Wald zu kennen, in dem er wohnte. „Du musst nur verreisen!" Dieser Satz tönte den ganzen Abend in seinem Kopf. „Wie groß die Welt doch sein muss!", dachte er traurig, als er einschlief.

Am nächsten Morgen ging ein Holzfäller unter seinem Baum durch, legte seine Axt auf die Erde und malte mit einer Art dickem Pinsel eine orangefarbene Markierung an den Stamm. Dann ging er weiter.

Thomas kletterte an die Spitze des Baumes, schwang sich

24. Januar

rüber zu dem seines Großvaters, klopfte an die Tür des alten Eichhörnchens und trat ein.

„Großvater, Großvater, was bedeutet es, wenn ein Holzfäller einen Baum mit einem großen orangefarbenen Pinsel markiert?"

„Das kommt drauf an", sagte Opa Eichhorn. „Das kann bedeuten, dass er diesen Baum fällen will, um ihn dann zu einer riesigen Maschine auf Rädern zu transportieren. Oder aber im Gegenteil, dass er gerade diesen Baum nicht fällen will, aber dafür alle andern drumherum. Auf jeden Fall ist das eine sehr schlechte Neuigkeit."

Ziemlich ratlos kehrte Thomas zu seinem Baum zurück.

Plötzlich spürte er einen enormen Schlag. Jemand schlug gegen seinen Baum. Nein! Er wurde gefällt. Er beugte sich vor und sah den Holzfäller mitten bei der Arbeit.

„Hnnn!", machte er bei jedem Schlag, den er dem Baum verpasste.

„Tschu!", machte die Axt, als sie in den Baum eindrang.

„Ffff!", machten die Zweige bei jedem Axthieb.

Erst hatte er Angst, dann kehrte Thomas in sein Nest zurück und überlegte.

Wenn er sich gut versteckt hielt, dann konnte er mit dem Baum wegfahren. So würde er die Welt zu sehen bekommen.

89

24. Januar

Er kugelte sich in seinem Nest zusammen und wartete. Mit einem fürchterlichen Krachen fiel der Baum um. Thomas war erst etwas benommen von dem Fall, aber sein Plan war so aufregend, dass er sich rasch erholte.
Und noch am selben Tag reiste er mit unbekanntem Ziel ab.

25. Januar
Ein sehr vorsichtiger Vater

„Gib Acht! Wenn du dich zu sehr schminkst und zu viel Schmuck anlegst, wird dich eine Elster auffressen", sagte Martin zu seiner Tochter Hedwig. „Tut mir Leid, wenn ich dieses Wort benutze, aber genau das ist es, auffressen."
Martin war vorsichtig. Er wusste, dass sie normalerweise keine Ameisen fraßen, aber wenn sie zu auffällig waren, verwechselten die Elstern sie mit Mistkäfern und stürzten sich auf sie.
„Was soll's!", sagte Hedwig. „Das sagst du immer, und mir ist noch nie was passiert. Du willst nur nicht, dass ich mich schminke. Das ist alles."
„Nein. Du bist sehr hübsch so, geschminkt und beschmuckt, das Wichtigste ist, nicht vulgär auszusehen. Wenn eine Ameise vulgär ist, dann fällt sie auf, und eine Ameise, die auffällt, um die ist es bald geschehen."
„Ich weiß nicht, ob man das sagen kann: ‚beschmuckt'", bemerkte Hedwig.
„Natürlich sagt man ‚beschmuckt'", antwortete Martin.

25. Januar

„Wie dem auch sei, das ist nicht das Problem. Ich denke, dass ich mit dreizehn Monaten alt genug bin, um zu tun, was ich will, ohne dich um deine Erlaubnis fragen zu müssen!"

„Dreizehn Monate! Du bist schon dreizehn Monate alt!", staunte Martin. „Wie doch die Zeit vergeht!"

Und dann begann er seine Fühler zu putzen, mit leerem Blick.

„Also Papa! Habe ich das Recht, mich zu schminken, ja oder nein?"

„Du hast jedes Recht der Welt, mein Schatz. Ich gebe dir nur einen Rat, keinen Befehl. Du kennst mich doch."

Hedwig ging aus, ohne sich vorher zu schminken, und kehrte am Abend wohlbehalten heim.

Dieses Mal.

26. Januar

Die alte Ente

„Es war kalt auf dem Teich, sehr, sehr kalt. Während der Nacht war dieser feine Schnee gefallen, den wir Vögel verabscheuen, der einen auskühlt bis auf die Knochen. Der Wind wehte durchs Schilf und fuhr einem anschließend glatt durch die Federn, wie kleine Nadeln, die in die Haut stechen. Das war alles andere als gemütlich, das kann ich euch sagen! Oma war schön drinnen, im Warmen. Gott sei Dank. Aber ich, ich musste die Umgebung beobachten. Ich hörte das ‚Schlask! Schlask!' des Hundes im Wasser und das ‚Flock! Flock!' der Stiefel seines Herrn. Ab und zu hörte man eine Explosion, mehr oder weniger in der Nähe – nicht so laut wie Donner, aber trotzdem sehr unangenehm – und, oh! ich weiß noch, dann zog man den Kopf ein, unter die Flügel, und wartete darauf, dass es vorbeiging. Und ich habe eine Sache bemerkt: Die meisten von denen, die in diesem Augenblick wegflogen, wurden direkt nach dem Abheben runtergeschossen. Es war schrecklich."

26. Januar

Diese Geschichte erzählte der alte Opa Ente seinen Enkeln, deren Federn bereits ausgewachsen waren – sie waren Anfang des Jahres geboren – und die wie Schüler um ihn herumsaßen, im Morast, im Schutz der Weiden.

„Warum schießen die Menschen auf Enten, Opa?", fragte der Kleinste.

„Das ist ein Rätsel", antwortete der Großvater. „Niemand hat das je herausgefunden."

„Vielleicht, um uns zu essen!", antwortete ein anderer.

26. Januar

„Das glaube ich nun doch nicht", sagte der alte Enterich. „Aber weil keiner von uns jemals gesehen hat, was sich in den Häusern der Menschen abspielt, wenn sie einen von uns getötet haben, hat auch keiner berichten können, was da geschieht."

„Vielleicht sollte einer von uns mal die Barbarieenten fragen, die hängen oft in der Nähe der Küche rum."

„Aber ich werde da auf gar keinen Fall hingehen", sagte einer der Kleinen.

„Ich auch nicht", sagten die andern.

Und deswegen wissen die Enten, so alt und erfahren sie auch sein mögen, immer noch nicht, warum man sie im Winter tötet, während sie auf den Teichen im Schilf vor Kälte bibbern und das Leben schon schwer genug für sie ist.

27. Januar
Karl, das Kaninchen aus der Schweiz

„Ich hätte auch gern ab und zu mal ein Bonbon", sagte Karl, das alte Kaninchen aus der Schweiz, das sich fast nicht mehr aus seinem Schaukelstuhl bewegte.

„Aber sicher doch, mein Schatz", sagte Effi, seine Gefährtin. „Yurg würdest du bitte deinem Großvater ein Bonbon geben, anstatt sie in Schweizer Manier zu verputzen?"

„In ‚Schweizer Manier'?", fragte Yurg. „Was soll das heißen?"

„Das bedeutet allein, heimlich, still und leise, egoistisch", sagte der alte Karl, der alles gehört hatte, trotz seiner angeblichen Taubheit.

„Warum sagt man in ‚Schweizer Manier' für ‚heimlich, still und leise'?", fragte Yurg.

„Ah!", sagte der Großvater. „Das ist eine Geschichte für sich. Komm ein bisschen näher. Ich werde sie dir erzählen."

Yurg setzte sich zu Füßen seines Großvaters hin.

27. Januar

„Es war einmal ... Komm noch etwas näher und setz dich auf meine Füße. Das wird mich warmhalten", sagte er zu Yurg, der nur allzu gern gehorchte, denn er freute sich darauf, eine neue Geschichte zu hören.

Effi sagte nichts und drehte den Kopf zum Fenster, sodass niemand ihr Lächeln sah, das Karl allein hätte deuten können.

„Es war einmal", begann Karl aufs Neue, „in einem Gebirge, weit weg von uns, ein Menschenfresser, der immer ausgehungert war. Wart mal, gib mir ein Bonbon, wenn du nicht willst, dass ich verhungere. Ein Menschenfresser, ein Riese, also, der immer einen Mordshunger hatte, den lieben langen Tag lang. Er wohnte in einem großen Haus, einem riesigen, enormen Haus, einem Haus, wo zwölf Familien wie die unsere hätten wohnen können, so einem Haus, wie man es in der Schweiz oft an den Ufern der Seen findet."

Während er seine Geschichte erzählte, beugte sich Karl immer wieder vor und stibitzte Bonbons aus Yurgs Tüte, auf die er jetzt runtergucken konnte. Yurg wagte nicht ihm die Bonbons zu verweigern, aus Angst, er könnte mit seiner Geschichte aufhören.

Karl erfand für seinen Enkel eine Geschichte aus dem Steg-

27. Januar

reif, eine Geschichte über einen Menschenfresser und ein Kaninchen, die anscheinend eine Erklärung für die Redensart „in Schweizer Manier" liefern sollte und die es ihm ermöglichte, die begehrten Bonbons aufzuessen. Ohne auch nur einen Gedanken daran zu verschwenden, dass sein Enkel Yurg vielleicht traurig sein könnte, weil sie alle waren.

Während Effi in ihrer Ecke das Essen kochte, dachte sie, dass es vielleicht eine gute Idee wäre, wenn sie ihrerseits einige Mohrrüben „in Schweizer Manier" äße, wenn sie nicht hungrig vom Abendbrotstisch aufstehen wollte. Denn Yurg und Karl würden ihr nicht viel übrig lassen.

28. Januar

Beginn einer Freundschaft

Kemal Raku, der türkische Feldmäuserich, hatte sein Loch unter der großen Eiche immer noch nicht optimal eingerichtet. Er fand, es fehlte noch der moderne Komfort, wie er es nannte. Er hatte sehr schöne anatolische Teppiche angebracht, rot und dunkelblau, und eine geräumige Hängematte, aus Naturbaumwolle, ungefärbt braun. Naiverweise war er davon ausgegangen, dass er mit dieser orientalischen Inneneinrichtung und den ganzen Backwaren, die er aus seiner Heimat mitgebracht hatte, die Feldmausfrauen anlocken könnte, aber niemand war gekommen, um ihn willkommen zu heißen.

Also hatte er sich damit abgefunden, seine ganzen Süßigkeiten allein zu essen, und war krank geworden.

Nachdem er einige Tage das Bett gehütet und Tee getrunken hatte, ging er aus dem Haus.

28. Januar

Es schneite ein wenig; es war ein ruhiger Morgen. Die einzige Bewegung, die er wahrnahm, war das langsame, stetige Niederschweben der Schneeflocken, die von hoch oben kamen und auf dem immer weißeren Boden verschwanden. Und dann sah er, wie auf der anderen Seite des Feldes jemand von einem Baum stieg und sich mit kurzen Sprüngen direkt auf ihn, Kemal, zubewegte. Es war ein Eichhörnchen. Er kannte es natürlich nicht, denn in diesem neuen Land hatte er bisher noch niemanden kennen gelernt. Das Eichhörnchen hielt ihm frank und frei die Hand entgegen.
„Guten Tag", sagte es. „Benjamin Duden, Schriftsteller."
„Kemal Raku, Gelegenheitsmusiker", sagte die Feldmaus. „Zuweilen auch Poet, zu anderen Gelegenheiten. Im Augenblick einfacher Einwanderer. Ich komme aus Istanbul. Oder genauer gesagt vom Stadtrand von Istanbul."
„Ich, ich komme aus Paris. Montmartre, genauer gesagt. Hier bin ich per Zufall hängen geblieben. Ich stelle ein Wörterbuch für Tiere zusammen. Für uns gibt es ja keins. Sie sind also Künstler, einfach so."
„Ach! Künstler, das ist schnell gesagt. Auch ich bin hier zufällig gelandet", sagte Kemal. „Ich bin hier mit meinem ganzen Krempel herumgezogen, mit meinem kleinen Wagen, den Sie dahinten sehen können, und da bin ich an

dieser Eiche vorbeigekommen. Ich habe mir gesagt: Hier möchte ich wohnen. Ich liebe Frankreich und die französischen Tiere. Ich bin sicher, dass ich hier willkommen bin. Na ja, in der Beziehung bin ich etwas enttäuscht worden, aber ich muss sagen, dass die Landschaft schön ist."
„Das ist wahr. Sie sind Musiker? ... Welche Richtung?"
„Oh! Musiker ganz für mich allein. Sonntagsmusiker. Ich liebe Musik, das ist alles. Wenn ich sage, dass ich Musiker bin, dann muss ich an meinen Vater denken, der sich dafür geschämt hätte, dass ich mich auf diese Weise vorstelle, und der seinen Freunden immer erzählt hat, ich sei Arzt."
„Seltsam, dass Sie mir von Ihrem Vater erzählen. Mein Vater hat mich Betriebswirtschaft studieren lassen, und jetzt wohne ich in einer Kiefer eine Jahresreise von Paris entfernt und erstelle ein Wörterbuch für Tiere. Das Leben ist seltsam, nicht wahr?"
„Ja, das Leben ist seltsam ...", antworte die Feldmaus.
„Sagen Sie, gibt es hier ... Feldmäuse? Ich habe noch keine gesehen."
„Sie sehen deswegen keine, weil es keine gibt. Oder nur sehr wenige. Die paar, die hier in der Gegend wohnen, sind stumpfsinnig. Wenn man sie nach etwas fragt, antworten sie noch nicht einmal."

28. Januar

„So sind die Leute heutzutage, auch in meiner Heimat. Sie helfen sich nicht mehr untereinander, die Leute sind so egoistisch geworden. Und ... Feldmäusinnen, gibt es die?"

„Ich habe Ihnen doch gesagt, es gibt nur sehr wenige, und die sind nicht sehr liebenswürdig. Letztlich sind die nettesten Leute die Vögel. Über Ihnen, wohnt da niemand?"

„Ich habe niemand gesehen, außer einer Eule. Ich halte mich nicht draußen auf, wenn sie da ist. Eulen finde ich fürchterlich. Sie nicht auch?"

„Es ist komisch, aber Eulen haben mir nie Angst gemacht. Es gibt da eine, die oft in Höhe meines Nestes vorbeifliegt, na ja, das hat mich nie sonderlich beunruhigt. Meinen Sie, dass ich damit Unrecht habe?"

„Oh", sagte die Feldmaus, „tun Sie, was Sie für richtig halten. Ich meinerseits nehme mich in Acht."

Und so zog sich das Gespräch über einen großen Teil des Morgens hin. Kemal lud das Eichhörnchen zum Mittagessen ein, aber er hatte nichts mehr im Hause. Also gingen sie zum Eichhörnchen und überquerten das schneebedeckte Feld.

„Ach, dabei fällt mir ein: Können Sie auf Bäume klettern?", fragte das Eichhörnchen. „Ich wohne ziemlich weit oben. Zwanzigster Stock, ohne Fahrstuhl."

28. Januar

„Aber sicher doch, mein Freund. Ich kann sehr gut klettern. Nur springen, wie Sie, nein, das nicht."
Nach einer kurzen Pause fuhr er fort: „Ich habe vorhin nach den Feldmäusen gefragt. Gibt es denn irgendeine andere Art von Mäusen in der Gegend hier?"
„Warum wollen Sie denn um jeden Preis andere Mäuse kennen lernen? Es gibt wesentlich amüsantere Tiere als Mäuse und im Übrigen ist die Einsamkeit etwas Wunderschönes."
„Sie sind Schriftsteller. Um zu schreiben, muss man allein sein. Aber ich dagegen, ich bin Musiker. Wissen Sie, man spielt schließlich vor allem für die andern. Ein Musiker ohne Publikum trocknet schließlich aus."
„Trocknet aus?"
„Ja, trocknet aus. Haben Sie noch nie vertrocknete Mäuseleichen am Wegesrand gesehen?"
„Aber natürlich. Und Sie meinen also, das sind Musiker ohne Publikum?"
„Ja, genau das denke ich", sagte die Feldmaus.
Sie hatten jetzt beide eine kleine Haube aus Schnee auf dem Kopf und marschierten Seite an Seite quer über das Feld. Es war ein sehr friedlicher Tag und nichts ist ihnen zugestoßen.

29. Januar
Die Liebe

Judith kam aus ihrem Nest und hatte sich den Schwanz um den Hals gelegt, wie sie es immer im Winter tat. Ihr war kalt und sie drückte den Arm von Max, ihrem Gefährten, fest an sich.

Sie waren bei Nessim eingeladen. Aber so Arm in Arm konnten sie nicht von Zweig zu Zweig springen. Sie mussten sich also trennen. Judith hatte leichtes Fieber. Sie sagte sich, dass sie nicht hätte ausgehen sollen. Aber sie wollte mit Max zusammen sein.

Max sprang als Erster. Judith folgte ihm nach einem kurzen Zögern. Sie verfehlte den Zweig und rutschte am vereisten Stamm der Eiche bis zum Boden herunter. Max war sofort bei ihr. Sie lag ausgestreckt auf der Erde und weinte. Anscheinend hatte sie sich den Arm gebrochen.

„Siehst du", sagte Max, „du kannst nicht springen, wenn du den Schwanz um den Hals gewickelt hast. Das tun Eichhörnchen nicht. Wie oft habe ich es dir schon gesagt! Hast du dir wehgetan?"

„Du liebst mich nicht", sagte Judith, die ihren Arm schlaff herunterhängen ließ.

„Was soll das heißen, ich liebe dich nicht?"

„Nein, du liebst mich nicht. Ich habe genau gespürt, dass du lieber alleine ausgegangen wärst."

„Alleine ausgehen, alleine ausgehen. Was ist daran so schlimm?", sagte Max.

„Und außerdem, wenn du mich lieben würdest, würdest du mir keine Vorwürfe machen, bevor du weißt, ob ich überhaupt noch am Leben bin."

„Rede kein dummes Zeug, Judith. Ich wusste natürlich, dass du noch am Leben bist. Schließlich hast du geweint!"

„Siehst du", sagte Judith, „schon wieder ein Vorwurf."

30. Januar
Stefanie in der Klemme

Stefanie Spitzmaus wohnte in einem mehr oder weniger festen Reisigverschlag, in dem es zwar zog wie Hechtsuppe – der jedoch, wie ihr ihre Freunde versicherten, nicht eines gewissen Reizes entbehrte – und der am Ende einer schmalen Sackgasse lag, in der sich ziemlich übles Gesindel herumtrieb. Aber das bereitete ihr keine Sorge. Sie war der Meinung, dass es keine Rolle spielte, wo man wohnte, solange man sich dort wohl fühlte. Ihre Tür blieb von morgens bis abends geöffnet, genauer gesagt hatte sie gar keine Tür und jeder X-Beliebige konnte bei ihr eintreten, ohne anzuklopfen.
Genau das passierte an diesem Tag. Ein junger Rattenkerl, drei, vier Wochen alt und arrogant, wie sie eben in dem Alter sind, trat ein, Schnauze voran.
Stefanie kochte gerade etwas für die Kinder und achtete nicht auf den Neuankömmling, der sich, als wäre er bei sich zu Hause, frech auf dem Sofa vor dem Feuer niederließ, auf dem etwas vor sich hinbrutzelte.

30. Januar

Als sie sich umdrehte und den Rattenkerl erblickte, sprang sie in die Höhe und legte die Hände an die Wangen, wie leicht erregbare Mäuse es zu tun pflegen.

„Aber ... Was machen Sie da? Machen Sie sofort, dass sie rauskommen!"

„Moment mal. Ich habe dir was zu sagen", sprach der Rattenkerl.

„Na los dann. Sagen Sie's und dann verschwinden Sie!", sagte Stefanie.

„Das ist oberklasse hier und du bist auch große Klasse. Ich denke, ich werde mich hier niederlassen, wenn das für dich o.k. ist?"

Stefanie, die leider für Komplimente nur allzu empfänglich war, lächelte.

30. Januar

Der Rattenkerl sah, dass er die empfindliche Stelle der Maus getroffen hatte, und wiederholte sein Kompliment. „Nein, ehrlich, du bist gar nicht übel. Wie heißt du?"
Diese Grobheit hatte etwas Ernüchterndes und riss Stefanie aus ihren Tagträumen.
„Also", sagte sie, „das läuft folgendermaßen: Hauen Sie ab oder ich rufe meinen Nachbarn Toto, der Ihnen eins auf die Schnauze haut."
Als er sah, dass die junge Maus genauso grob sein konnte wie er, war der Rattenkerl auf der Hut. Doch dann sagte er sich, dass der Nachbar Toto auch eine Maus war, und legte sich wieder auf das Sofa.
„Quatsch dich ruhig aus, meine Hübsche", sagte der Rattenkerl. „Ruf ihn doch, deinen Nachbarn, damit wir fünf Minuten was zu lachen haben."
In diesem Augenblick trat Toto ein.
Was der Rattenkerl nicht wusste: Toto, Stefanies Nachbar, war ein Kater.
Der Rattenkerl ließ sich nicht lange bitten und suchte schleunigst das Weite. Während er rannte, fragte er sich allerdings, vielleicht zu Recht, warum ein Kater eine Mäusefamilie beschützte.

31. Januar
Gespräch im Schnee

Leon war mit seinem Besen hinausgegangen und tat so, als kehrte er vor seiner Türschwelle. Dabei guckte er, ob sich wohl Hermines Fensterläden endlich öffnen würden.
Nein. Sie blieben geschlossen.
Leon hatte nichts mehr vor seiner Tür zu kehren, denn mittlerweile hatte er im Laufe des Morgens schon zehn, zwölf Mal gefegt. Aber er wollte sich von Hermine, wenn sie denn aufwachen sollte, nicht dabei erwischen lassen, wie er untätig vor ihrem Fenster stand.
Im Augenblick kamen die Schneeflocken bei Leon durch die weit geöffnete Tür. Sie schmolzen, noch bevor sie den Boden erreicht hatten.
Endlich gingen Hermines Fensterläden auf. Leon sah, wie sie sich streckte und vor dem weißen Winterlicht die Augen zusammenkniff.
Als sie dann Leon erblickte, schloss sie rasch den Kragen ihres Morgenmantels.
„Guten Morgen, Leon", sagte sie. „Was für ein Wetter!

31. Januar

Man fragt sich, wann das wohl aufhören wird. Seit wie vielen Tagen schneit es schon?"

„Guten Morgen, Hermine. Sie sehen hinreißend aus in diesem rosa Morgenmantel. Ach ja! Der Schnee. Ich weiß nicht. Zehn Tage vielleicht."

„Aber mindestens!", sagte Hermine. „Ich frage mich, ob das nicht eher schon seit zwölf, dreizehn Tagen so geht!"

„Kann sein. Steht Ihnen gut diese Farbe, im Kontrast zu ihrem Fell, das noch nicht ganz weiß ist!"

„Ich weiß noch, letztes Jahr, da hat es fast einen Monat ununterbrochen geschneit."

„Wie nennt man das noch mal, wenn das Winterfell noch nicht vollständig da ist?"

„Hermelinrot. Haben Sie die Wettervorhersage gehört?"

„Herme-Lino-rot oder Herme-Lina-rot?", fragte Leon mit einem schelmischen Blick.

„Nein, nein. Hermelinrot. Neutrum. Antworten Sie mir doch, Leon, haben Sie gehört, wie das Wetter werden soll?"

„Schnee, immer noch. Glaube ich."

Hermine wandte ihm den Rücken zu und blieb so ein paar Sekunden stehen, denn sie wusste sehr gut, welche Wirkung das auf Leon hatte.

„Ach, ihr kleiner Knoten im Nacken ist wirklich hinreißend", gluckste Leon.
Hermine drehte sich wieder zu Leon um und warf ihm einen bedeutungsvollen Blick zu.
„Ich würde gerne spazieren gehen und wünschte mir, dass dieser Schnee eine Weile aufhört, sonst werde ich patschnass sein, bis zu den Augenlidern."
Der Wind wehte den Schnee in leichten Böen sowohl bei Leon als auch bei Hermine in die Wohnung.
„Wollen Sie nicht einen Kaffee mit mir trinken?", fragte Leon.
„O nein! Wo denken Sie hin?", sagte Hermine. „Ich bin viel zu sehr in Eile."
Und damit schloss sie unvermittelt ihr Fenster und ließ Leon mit seinem Besen vor ihrer Tür stehen.

1. Februar

Die drei Füchse

Für einen Fuchs war Antoine nicht sonderlich schlau. Er hatte seinen Schwanz in einer Falle verloren und versuchte die anderen davon zu überzeugen, dass ein Schwanz zu nichts nutze sei.

„Zu nichts?", fragte Fred. „Und warum haben wir dann alle einen, so wie wir hier stehen?"

„Alle außer Antoine", sagte Alex und brach in Gelächter aus.

„Zu nichts", wiederholte Antoine. „Weil's hübsch aussieht, das ist alles."

„Na, und ist das nichts? Hübsch aussehen?", rief Fred, der Einzige der halb kahl war, wegen eines Eimers mit kochendem Wasser, den er über den Schädel gekriegt hatte, als er sich zum Weihnachtsessen einen Truthahn gönnen wollte.

„Ja, das ist wie mit den Haaren auf deinem Kopf. Es ist schöner, wenn man welche hat, aber tatsächlich ist es zu nichts nutze."

Alex kam fast um vor Lachen.

Und Antoine begann jetzt auch zu lachen.

Fred allerdings lachte nicht.

2. Februar
Lady G.

Georgina war eine Hexe englischer Herkunft und deswegen mochte sie weder dem Tee gänzlich entsagen noch jenen Gurkensandwiches, mit denen sie damals im Schloss ihrer Eltern aufgewachsen war. Sie hatte sich aus jener Zeit eine gewisse Art bewahrt und deshalb nannten ihre Kolleginnen sie Lady G. Sie nahm daran weiter keinen Anstoß und aß dann und wann ihre Gurkensandwiches zu einer Tasse Tee mit Milch.

Die Hexen ihres Clans, die eher Schneckensuppen und gebratene Regenwürmer gewohnt waren, verstanden nicht, wie sie eine dermaßen labbrige Nahrung zu sich nehmen konnte.

„Georgiiina! Lass doch deine blöden Gurken und trink mit von unserer Rattenpisse, das ist doch gleich ganz was anderes!", schrie Esther, als sie an die Scheibe von der Ruine klopfte, wo Georgina, weitab von den andern, eingezogen war.

Jedes Jahr am gleichen Tag versammelten sich nämlich die

2. Februar

Hexen im Wald, um die im vergangenen Jahr geerntete Rattenpisse in Flaschen abzufüllen, zu etikettieren und – natürlich – zu kosten. Dieses Jahr war ein guter Jahrgang, mit einem grässlichen Spargelaroma, und der ganze Wald hallte wider vom Gebrüll der Hexen, die so ihre Genugtuung zum Ausdruck brachten. Gewöhnlich ging Georgina zu dieser Versammlung, die mitten im Winter stattfand, und trank mit den anderen – wobei sie allerdings ihr Getränk erwärmte, bevor sie es schluckte. Aber dieses Mal kam sie nicht. Ihrer Kollegin und besten Freundin Esther ließ das keine Ruhe und sie kam sie holen.

„Also so was!!!", rief sie aus, fassungslos, nachdem sie durch Georginas Fensterscheibe geguckt hatte.

Sie ließ ihren Stock los und lief quer durch den Wald zu den andern, denen sie schockiert – und ebenso entzückt – berichtete, was sie bei Georgina gesehen hatte.

„Nein!", riefen alle Hexen im Chor, bevor sie ihre stinkenden Pokale fallen ließen. „Nicht möglich!!!"

Vor Schrecken und Vergnügen wären sie beinahe alle in Ohnmacht gefallen.

Niemand hat jemals erfahren, was Esther an jenem Tag bei Georgina gesehen hat. Und das ist wirklich schade, denn wir hätten es auch gern gewusst.

3. Februar

Nachbar Teo

Teo war von der Arbeit nach Hause gekommen – er war Musiker – und sang aus Leibeskräften von seiner Liebe zu Julie, seiner Frau. Alle Nachbarn kamen in den Genuss seines Gesangs, denn er hatte eine klare Stimme, die von weitem zu hören war. Er war ein Fuchs aus Südamerika und hatte die Angewohnheit in der Badewanne zu singen – er nahm sein Bad auf der Terrasse, selbst im Winter. Er war Tenor. Und wie alle Tenöre war er stolz auf seine Stimme. Unter seinen Nachbarn, die manchmal am Fenster stehen blieben, um Teo zuzuhören, war François der Einzige, dem diese Stimme auf den Wecker ging. François war ein kleiner, schwächlicher Fuchs, und was er an Teo nicht mochte, war nicht nur die Stimme, nein, es war Teo selbst, zumal er Julie als Füchsin sehr schön fand und nicht verstehen konnte, warum sie sich bei Teo niedergelassen hatte und nicht bei ihm.
Er hatte keine Kinder und auch keine Frau. Er war ein eingefleischter Junggeselle und hatte nie arbeiten wollen.

3. Februar

An diesem Abend hatte Teo ein Lied komponiert. François verstand kein Spanisch – im Übrigen verabscheute er diese Sprache – und so spürte er auch nicht die Poesie, die aus diesem neuen Lied von Teo klang.
Teo lag also in seiner Badewanne und sang. Nach dem Mittagessen machten die Jungfüchse ihre Hausaufgaben und Julie las in ihrer Ecke die Zeitung. Plötzlich tauchte François im Fenster von Teos Badezimmer auf und begann auf ihn einzuschreien.
„Ich habe es satt, dich jeden Tag wie einen Gockel singen zu hören. Ich habe mich nicht in diesem Wald häuslich niedergelassen, um mir jeden Morgen und jeden Abend das Gebrülle eines überkandidelten Fuchses reinzuziehen, der mir sein spanisches Gewäsch in die Ohren plärrt!"
„Ruhig Blut, François, ganz ruhig!", sagte Teo, ohne aus der Fassung zu geraten. Und während er redete, seifte er weiter seinen schönen rotbraunen Pelz ein, der (ebenfalls) sein ganzer Stolz war. „Wenn du so einen harten Job hättest wie ich, dann würdest du auch das tun, worauf du Lust hast, singen, trinken, Feuer machen, lesen und so weiter, während deine Frau das Abendessen zubereitet."
„Mag sein", brüllte François, „aber ich arbeite eben nicht! Und eine Frau habe ich auch nicht!"

3. Februar

„Das tut mir ja nun Leid für dich", sagte Teo etwas schnippisch, „aber du wirst mich nicht daran hindern, nach der Arbeit zu singen, wenn ich glücklich bin."
Und er begann so laut zu singen, dass er nicht mehr hörte, was François zu ihm sagte, der ihm schließlich vor lauter Wut den Hocker auf den Kopf schlug.
Teo wurde ohnmächtig und rutschte in die Wanne. François verschwand wieder dahin, von wo er gekommen war. Glücklicherweise kam Julie, die die plötzliche Stille in Alarm versetzt hatte, auf die Terrasse gelaufen und verhinderte, dass Teo ertrank.
Am nächsten Morgen sang Teo umso lauter und François stopfte sich wütend die Ohren mit klein gekautem Kaninchenfell zu, bevor er sich in seinem Sessel niederließ.
Der Tag fing sehr schlecht für ihn an.

4. Februar

Wie macht er das bloß?

Raphael war ein Igel mit einer Frisur, was selten vorkommt. Seine Freunde waren neidisch auf seinen Erfolg bei den Igelinnen, den sie seiner Frisur zuschrieben.
Aber war das wirklich der Grund für seinen Erfolg? Sie waren ziemlich dumm, dass sie Igelinnen für so dämlich hielten.

4. Februar

Igel sind grausam zueinander. Oft versuchten sie Raphael dazu zu bringen, die Straße zu überqueren, unter diesem oder jenem Vorwand, denn sie wussten wohl, dass der eine oder andere von ihnen genau da enden würde.

Aber so leicht konnte man Raphael nichts erzählen. Er nahm sich in Acht und ging niemals über die Straße zum linken Ufer, das heißt „auf die andere Seite".

Wenn er dahin wollte, nahm er immer den unterirdischen Stollen von Mathilde Maulwurf (eine seiner ältesten Bewunderinnen, aber mehr war nie gewesen).

„Hey! Guten Tag, Raphael!", sagte sie eines Tages, als sie seine Stacheln an der Decke des Stollens entlangkratzen hörte. „Lange her, dass man was von dir gehört hat. Wie geht's dir denn so?"

„Och, geht so, gar nicht übel. Und dir?"

„Mir, geht so."

Matthias, ein anderer Igel, der immer irgendwo rumhing, hörte den Anfang dieses Gesprächs durch einen Lüftungsschacht des Stollens und lief los, um den andern zu berichten.

„Raphael und Mathilde sind jetzt zusammen!"

„Also echt!", sagte Lea. „Wirklich, der hat Schlag bei den Frauen, der Raphael, das ist unglaublich!"

„Aber dabei fällt mir ein: Mathilde kann ja gar nichts sehen, sie ist eine Maulwürfin!", sagte Yorick. „Das liegt also nicht an seiner Frisur, dass er so viel Erfolg hat!"

„Das stimmt!", bestätigten die andern. „Es muss also etwas anderes sein."

„Vielleicht sein Geruch", warf Yorick in die Runde.

Während Raphael also nur im Vorbeigehen seiner alten Freundin Mathilde einen kurzen Besuch abstattete, hatten seine Freunde gleich eine Riesengeschichte daraus gemacht.

Im Übrigen war Raphael inzwischen schon auf der andern Seite der Straße und auf dem Weg zu Lola.

Und das wusste keiner.

5. Februar
Gigi und Momo

„Momo! Du machst zu viel Krach", sagte Jeremias und riss sich wütend den Strohhalm, auf dem er herumkaute, aus dem Mund und warf ihn in den Kamin.
Momo saß bei seinem Freund Jeremias am Feuer.
„Was meinst du damit, ich mache zu viel Krach?", sagte Momo. „Ich lese."
„Das weiß ich wohl, aber du machst trotzdem zu viel Krach."
Jeremias, den alle Gigi nannten, war ziemlich schwierig. Er lebte allein und sein ältester Freund Momo kam ihn jeden Tag zur Teestunde besuchen.
Romain, der schon immer Momo genannt wurde, hatte recht spät lesen gelernt, und wahrscheinlich um sich die Lektüre zu erleichtern, murmelte er nicht nur die Wörter, die er las, sondern folgte ihnen auch mit dem Finger über die Seite. Dabei kratzte seine Kralle ständig über das Papier und man kann sich gut vorstellen, wie unerträglich dieses ständige Gemurmel und Gekratze sein musste.

5. Februar

Momo schloss sein Buch, legte es auf ein Regal und sagte: „Schlimm genug, dass man sich bei dir langweilt. Wenn man hier obendrein nicht mehr lesen darf, dann weiß ich nicht, warum ich noch weiter kommen sollte. Tschüs."
Und so kam es, dass Gigi auf einmal jeden Nachmittag allein war, und lange Zeit bereute er die Bemerkung, die er seinem Freund gegenüber gemacht hatte. Bis dieser, der sich zu sehr langweilte, ihn wieder besuchen kam:
„Ich werde versuchen, nicht mehr so viel Lärm beim Lesen zu machen", sagte er.
„Das ist lieb von dir", sagte Jeremias. „Möchtest du Tee?"
„Ja, danke", sagte Momo.
Beide setzten sich wieder vor den Kamin wie früher.
Weil sie sich nichts mehr zu sagen hatten, stand Momo nach einer Weile auf und nahm seine Lektüre an der Stelle wieder auf, wo er sie vor einigen Monaten unterbrochen hatte. Und so ging das Leben weiter, einfach und friedlich, unter dem Laub, irgendwo mitten im Wald.

6. Februar
Bosheit

Teddy Hase war boshaft. Die ganze Zeit ging er mit finsterer Miene, die Hände hinter dem Rücken, spazieren, fand, dass die meisten Älteren unerträglich, die meisten Jüngeren dumm waren, und als seine Freundin Hunzrose ihm sagte, dass er abscheulich sei, sagte er: „Ja, ich bin abscheulich, das ist mein Wesen. Im Übrigen sind boshafte Menschen viel unterhaltsamer als nette."
Hunzrose sagte: „Das ist wohl richtig, aber mit jemand Abscheulichem zusammenzuleben ist unmöglich, wogegen es sehr schön sein kann, mit jemand Nettem zusammenzuleben."
„Wer hat dich darum gebeten, mit mir zusammenzuleben?", fragte Ted.
Darauf antwortete Hunzrose, etwas mitgenommen: „Auf jeden Fall nicht ich."
Aber dann wies sie ihn darauf hin, dass eine tierische Gesellschaft nur dann Bestand haben könne, wenn jeder sich bemühte edelmütig und solidarisch zu sein.

6. Februar

Ted schrie, dass tierische Gesellschaften sowieso nicht funktionierten, ständig gebe es Streit und sogar Krieg, also wozu das alles?

Hunzrose erwiderte, dass man Kindern ein positives, kein negatives Beispiel geben müsse.

„Erzähle den Kindern die Geschichte von einem süßen kleinen Bären", sagte Ted, „dem man Bonbons gibt und jede Menge Geschenke, weil er brav ist, und erzähle ihnen dann die Geschichte von einem schrecklichen, struppigen Ungeheuer mit fürchterlichen Krallen, das ständig schreckliche Abenteuer besteht – welche, glaubst du, werden sie lieber hören?"

Hunzrose antwortete nicht.

Was sollte man denn darauf sagen?

7. Februar

Die Wahl

Matthias Wolf hatte schlechte Laune. Alle Wolfsjungen seiner Schwester waren über die Ferien zu ihm zu Besuch gekommen. Der Bau war voll, es war ein Mordsradau und außerdem musste er die Nahrung mit ihnen teilen.
Also beschloss er abzuhauen.
Eines schönen Morgens schnürte er sein Bündel, sobald es Tag wurde. Nachdem er einen letzten Blick auf seine kleinen Gäste geworfen hatte, die noch schliefen, auf die Glut im Kamin, die während der Nacht an Farbe verloren hatte, aber noch eine sanfte Wärme ausstrahlte, öffnete er die Tür und ein eisiger Luftzug fuhr bis in den hintersten Winkel des Zimmers. Er ging hinaus, schloss sachte die Tür hinter sich und ging die Hauptallee des Waldes hinunter. Alles war weiß.

Der Boden war weiß, aber auch die Nordseiten der Baumstämme, die Äste, der Himmel. Nebel hatte in der Nacht Raureif gebildet, der hart geworden war.

Da er niemanden wecken wollte, hatte er nicht gewagt

7. Februar

seinen Umhang mitzunehmen, der seiner ganzen Familie als Decke diente, und so war er ohne alles losgezogen, oder so gut wie.

Nach zwei Stunden Marsch suchte er völlig durchgefroren in einer Notunterkunft Unterschlupf: in einer Fischerhütte am Ufer eines Teiches. Die Mauern waren aus Ziegelstein und schützten glücklicherweise ein bisschen vor dem Wind. Aber nichts zu essen war da, und nichts zum Feuermachen. So schlief er ein, zusammengekauert und sein Bündel an sich gepresst.

Am Abend weckte ihn der Ruf eines Hähers, der irgendwo da oben saß. Das bisschen Licht, das da war, verschwand hinter dem Horizont und dann saß er im Dunkeln.

Was sollte er tun? Weiter durch die Kälte stapfen, mit unbekanntem Ziel, oder nach Hause zurückkehren, ins Warme, und sich mit dem Lärm der Kinder abfinden, die Radau machten?

Nun ja, so seltsam das auch scheinen mag, er ging zurück nach Hause.

8. Februar
Das wirkliche Schneewittchen

„Ich war damals in Schneewittchen verliebt", sagte Robert. „Ich habe zwar versucht es ihr klar zu machen, aber es war schwierig, das jemandem zu erklären, ohne zu deutlich zu werden."
„Du auch?", sagte Charlie. „Das ist ja'n Ding. Ich nämlich auch, weißt du? Ach, was war ich verknallt! Nur ich, ich hab's ihr gesagt."
„Ja und? Was hat sie gesagt?"
„Nichts. Also habe ich nicht weiter drauf bestanden. Und schwer gelitten."
„Ich habe auch gelitten", sagte Robert. „Du bist nicht der Einzige."
Und sie schüttelten sich die Hände, Tränen in den Augen. Robert und Charlie waren zwei alte Kaninchen, die gern in Jugenderinnerungen schwelgten, über einem guten Kartoffelauflauf und einer Tasse Tee.
Es ist seltsam, dass so alte Freunde so spät im Leben entdecken, dass sie in dieselbe Person verliebt waren, oder

8. Februar

genauer in dasselbe Bild, denn in ihren winzigen Kaninchenschädeln war Schneewittchen nur noch ein Bild. Aber was für ein Bild!

„Erinnerst du dich an ihr gelbes Kleid?", fragte Charlie. „Wie schön sie war in ihrem gelben Kleid!"

„Ihr gelbes Kleid? Ihr Kleid war überhaupt nicht gelb!", sagte Robert ärgerlich. „Aus dem einfachen Grund, dass sie gar kein Kleid besaß. Im Film war sie gelb. Aber ich spreche vom wirklichen Schneewittchen, nicht von dem aus dem amerikanischen Zeichentrickfilm!"

„Du hast das wirkliche Schneewittchen gekannt?", fragte Charlie. „Das glaube ich nicht. So alt bist du nicht. Was erzählst du denn da?"

„Die Wahrheit, mein Lieber, die reine Wahrheit", sagte Robert. „Ich ging sie oft besuchen und dann plauderten wir, nicht mehr und nicht weniger. Stundenlang haben wir geredet, während sie nähte."

8. Februar

„Unglaublich!", sagte Charlie. „Und davon hast du mir nie etwas erzählt!"

„Ich war mir sicher, dass ich dir schon alles erzählt hätte", sagte Robert.

„Du willst mich auf den Arm nehmen! Und hast du auch die sieben Zwerge gekannt und so?"

„Die sieben Zwerge? Welche sieben Zwerge?", fragte Robert verdattert.

„Na, die sieben Zwerge, die Schneewittchen bei sich aufgenommen haben, du weißt schon."

„Aber ich habe doch Schneewittchen bei mir aufgenommen! Ich habe sie sogar zwei Monate lang mit Möhrensaft aufgepäppelt."

„Sag mal, du redest jetzt nicht die ganze Zeit von Schneewittchen, der jungen Kaninchenfrau, die mit der Ponyfrisur, die letztes Jahr mit Freddy weggezogen ist?"

„Ja, klar doch. Wieso?"

9. Februar

Schimpfworte

Lola und Didou waren auf dem Weg zum Fotografen, einem unsympathischen Dachs mit Pomade im Pelz, der seltsame Fotos in seinem Atelier hatte.

„Nackte Brautpaare!", sagte Lola. „Ja, ja, du hörst schon ganz richtig, er hat Fotos von nackten Brautpaaren in seinem Atelier an der Wand!"

„Ich meine, es kommt oft vor, dass Tiere wie wir nackt heiraten", stellte Didou fest.

„Ja, aber trotzdem!", sagte Lola. „Mich schockiert das. Ich hoffe nur, dass er uns nicht mit so was nervt."

„Das sollte er lieber lassen", sagte Didou. „Sonst schmier ich ihm eine."

„Wie du redest!", sagte Lola. „Erlauben dir deine Eltern, so zu reden?"

„Du machst wohl Witze!", erwiderte Didou. „So rede ich, wenn sie nicht da sind. Wenn sie da sind, heißt es ‚aber jaaaa doch, entschuldigt bitte, keine Ursache' und so weiter."

9. Februar

„Wie kannst du unterschiedlich bei deinen Eltern und anderswo reden? Ich könnte das nicht. Sagst du zum Beispiel ‚Scheiße' vor deinen Eltern oder diese Art von Schimpfwörtern?"

„‚Scheiße', ja. Wir wollen's mal nicht übertreiben. Wenn man nicht einmal das Recht hätte, ‚Scheiße' zu sagen! Das ist fast kein Schimpfwort. Schließlich befinden wir uns nicht im vierzehnten Jahrhundert."

„Also, ich nicht. Ich sage ‚verflixt'. Wieso im vierzehnten Jahrhundert, durfte man da nicht ‚Scheiße' sagen?"

„Doch, doch."

„Ja und?"

„Vergiss es", sagte Didou.

Für Kaninchenfrauen verstanden sich Lola und Didou blendend. Sie redeten über dies und das, ohne sich wirklich jemals richtig zu streiten: Sie „diskutierten". Wogegen die Kaninchenmädchen sich ständig streiten.

Wegen der Kaninchenjungs.

10. Februar

Noémie wartet

Auf der Holzbrücke liegt noch Reif. Die Sonne hat es noch nicht geschafft, ihn an dieser Stelle schmelzen zu lassen, sie hatte noch nicht genug Kraft.

Noémie wartet auf ihren Verlobten, der jeden Moment kommen muss. Er wird die ersten Spuren auf dem weißen Teppich hinterlassen.

10. Februar

Sie ist aus dem eisigen Wasser gestiegen, hat sich geschüttelt, sich zwischen den Fingern trocken geleckt und jetzt wartet sie. Gaston hat Verspätung.

Von Zeit zu Zeit sieht Noémie etwas Dunkles den Sturzbach hinunterkommen, das sich im Wasser hin und her dreht. Genauso wie Gaston es macht und fast alle anderen Biber. Aber es ist ein Stück Holz, nicht Gaston, und Noémie wartet aufs Neue.

Gaston hat sich hier mit Noémie verabredet, sicher, aber das war früh am Morgen und seitdem ist viel Wasser den Bach hinuntergeflossen. Julie hat sie zum Baden im anderen Arm der Linelle eingeladen und sie ist hingegangen. Da hat sie François getroffen, der ihr gesagt hat, es gäbe Enteneier im „Akazien" und dass man dort sofort hingehen müsse, wenn man welche kosten wolle. Und dann hat Julie sie gerufen.

Noémie wartet. Sie sieht das Stück Holz im Wasser treiben und weiß, dass es nicht Gaston ist. Sie denkt, er wird heute nicht mehr kommen. Aber sie wartet trotzdem … noch … ein bisschen … man kann ja nie wissen.

11. Februar
Eine deprimierte Maus

„Winter …", dachte Alix. Der Winter, der einfach nicht aufhören will. Die Kälte. Die Stille. Die Langeweile.
Alix saß in einem tiefen Sessel am Kamin und mit dem Ende ihres Stocks (ein kleiner Zweig von Heidekraut, den ihr Mann für sie geschnitzt und liebevoll poliert hatte) bearbeitete sie die Asche.
Worüber hatte sie sich denn im Grunde zu beklagen? Sie führte das ruhige Leben einer Maus im Ruhestand. Ihr Speicher war voll. Alle ihre Kinder hatten ehrenwerte Berufe, keiner war Dieb, Junkie oder Polizeispitzel geworden. Oder Schlachter. Ihr Mann hatte eine sichere Stelle: Er arbeitete in einer Bibliothek.
Und doch war ihr heute Morgen trübe zumute. Sie hätte sich gewünscht, dass Frühling ist. Jetzt gleich, in diesem Augenblick. Sonne, und unter den blühenden Apfelbäumen Vergissmeinnicht und Butterblumen, so weit das Auge reicht, Meer und Strand, Wasser und Sand.
Aber nein! Sie musste warten! Wie alle andern auch.

12. Februar
Camille

Camille verließ sein Haus (bei uns heißen die Mäuse Camille, selbst wenn sie männlich sind) und wollte vor seiner Tür kehren. Man konnte ihm ruhig erzählen, dass es nicht viel brachte, im Wald zu fegen, so begann Camille immer seinen Tag: indem er vor seiner Tür fegte. Ein Blatt gab das andere, hier ein Zweig und dort, so führte ihn seine kleine Fegerei oft bis zum Haus von Françoise, der er durch das ständig offen stehende Küchenfenster einen guten Tag wünschte.

Und es war kein Zufall, dass es Camille eher nach links zog, Richtung Françoise, als zu Louis.

Louis war ein junger ungestümer Mäusling, der sich nie kämmte, sich nie wusch und ständig Radio hörte. Das missfiel Camille.

Françoise war eine kleine Blondine (blond nennt man die Mäuse, die heller sind als andere), die den lieben langen Tag nichts tat und immer für Camilles Tratsch zu haben war, der Punkt acht Uhr, mit seinem Besen bewaffnet, anrückte.

12. Februar

„Was hast du davon, diesen Wald zu fegen, Camille?", fragte sie, wenn sie ihren Nachbarn sah, wie er mühsam einen Haufen Laub vor sich herschob.

„Nun gut", sagte Camille, „ich werd's dir erklären. Das verschafft mir eine saubere und ordentliche Türschwelle; ich hasse Unordnung. Und dann … kann ich dir so einen guten Tag wünschen kommen, zum Beispiel."

Camille war einer von der alten Schule. Wie sein Name, so waren auch seine Manieren etwas überholt, und er liebte es, hier und da Komplimente zu machen, mit unschuldiger Miene freundliche Worte zu verabreichen, um so den Tag zu beginnen.

Leider mochte Françoise Louis lieber, der das Haus ohne ein Wort verließ und es wegen seiner Kopfhörer nicht einmal hörte, wenn sie ihm einen guten Tag wünschte.

Das verstehe, wer will.

13. Februar
Zwei alte Maulwürfe

Kathy saß in der Badewanne. Durch den Dampf hindurch rief sie ihren Mann: „Eddy! Kannst du mir das Handtuch reichen, es ist ein bisschen weit weg."
Keine Antwort.
Eddy und Kathy waren seit vielen Jahren miteinander verheiratet, und obwohl sie noch recht jung waren, nannten ihre Freunde sie „die beiden alten Maulwürfe".
Ihr Souterrain war im Stil der Neureichen eingerichtet: Sie hatten zum Beispiel außer heißem Wasser auch zwei Radioapparate. Vielleicht war das der Grund – wenn man unbedingt eine Erklärung suchen wollte –, warum ihre Freunde nicht so nett zu ihnen waren, obwohl sie an diesem Komfort teilhatten. Denn sie kamen regelmäßig, um sich Krimis anzuhören oder ein Bad zu nehmen, ohne eingeladen zu sein, und zwar rein zufällig gerade vor dem Abendessen.
Eddy antwortete also nicht.
Beunruhigt über das Ausbleiben der Antwort stieg Kathy aus der Wanne, trocknete sich ab, bevor sie sich einen

13. Februar

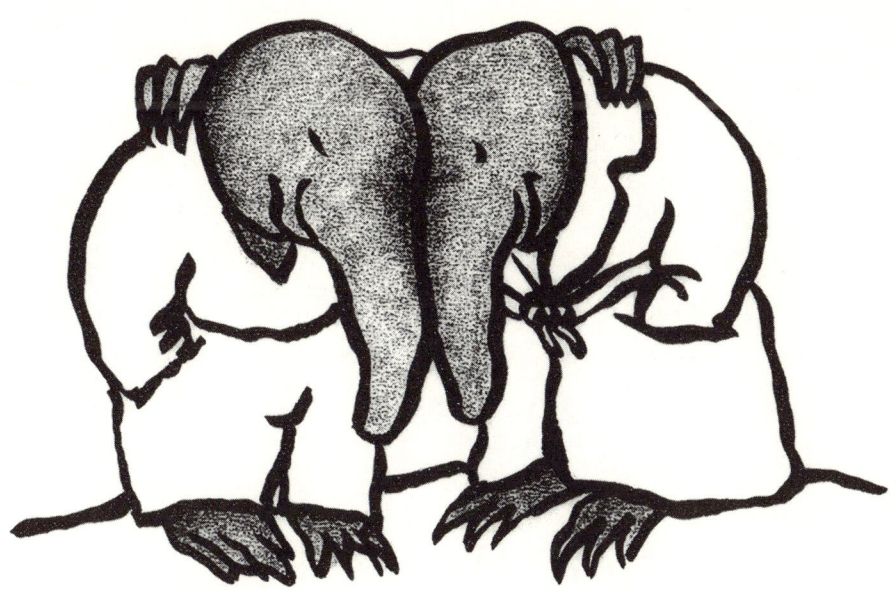

Bademantel überzog – ein weiterer ungewöhnlicher Luxus bei Maulwürfen – und ins Esszimmer ging.
Eddy war da, in seinem Sessel. Er las einen Roman.
„Nun", sagte Kathy, „warum antwortest du mir nicht?"
Eddy drehte nicht einmal den Kopf um zu seiner Frau, wogegen er sonst oft – denn er war immer noch sehr verliebt in Kathy – den Kopf drehte und sogar sanft schnüffelte, wenn sie näher kam.
„Es genügt dir also nicht, kurzsichtig zu sein, jetzt musst du auch noch taub sein!", sagte Kathy äußerst aggressiv.

13. Februar

Da Eddy sich immer noch nicht bewegte, gab sie ihm einen leichten Klaps auf den Kopf, halb freundschaftlich, halb böse: Seine Gleichgültigkeit ärgerte sie.

Der kleine Klaps hatte zur Folge, dass Eddy die Kopfhörer seines Walkmans aus den Ohren sprangen. Obwohl es ihm nicht wehtat, überraschte es ihn und er sprang auf.

„Hey!", rief er. „Warum machst du das?"

„Du könntest wenigstens antworten, wenn ich dich rufe."

„Ich habe Musik gehört, das siehst du doch!", wetterte Eddy.

„Eben! Und genau das werfe ich dir vor."

„Du wirfst mir vor Musik zu hören?"

„Wenn ich dich brauche, dann ja."

„Und wofür hast du mich gebraucht? Du bist im Bademantel, wenn ich das recht sehe", sagte Eddy und streckte seine Schnauze vor, um sie besser riechen zu können. „Du riechst nach Seife. Ich verstehe nicht, wofür du mich so dringend gebraucht hast."

„Ich brauche dich immer", sagte Kathy.

Das genügte, um die Atmosphäre zu entspannen, und Kathy kochte Eddy einen Kaffee in ihrer neuen Kaffeemaschine.

14. Februar
Eine Art winziges Schaf

Melanie war eine kraushaarige Maus und ihre blassblauen Augen schienen nichts zu sehen, zumindest nichts anzusehen. Sie ähnelte einem winzigen grauen Schaf.

Das sagte jeder über sie.

Und die Tatsache, dass sie stundenlang allein auf den Klippen spazieren ging und mit einem lila Kaschmirschal um den Hals im eisigen Februarwind auf das Meer hinausblickte, veranlasste ihre Freunde zu sagen: „Melanie ist ein bisschen verrückt, nicht wahr?"

Vor allem die Mädchen. Denn die Jungen fanden sie hübsch, empfindsamer als die meisten und sehr romantisch. Aber verrückt, nein, das sicher nicht.

15. Februar
Henri und die Geburtstagstorte

Für Jeannes Geburtstag hatte Henri eine Torte gebacken. Und das war ziemlich außergewöhnlich, denn er konnte weder kochen noch backen, das tat er nie, und alle dachten, dass die Torte ungenießbar sein würde.
Ungeduldig warteten alle auf den Moment, wo Jeanne die Torte kosten würde, um zu sehen, was für eine Grimasse sie schneiden würde.
„Mit ein bisschen Glück muss sie sich vielleicht sogar übergeben", sagte Lily zu den andern, die vor Jeannes Haus zusammengekommen waren.
Der letzte Streit zwischen Henri und Jeanne war nämlich so heftig gewesen, dass alle dachten, das Fest würde ausfallen. Aber Jim, der Chef der Kobolde, hatte es geschafft, die beiden wieder miteinander zu versöhnen.
Und so warteten sie auf Henri mit seiner Torte, die einen auf der Treppe draußen, die andern auf dem Fenstersims des Erdgeschosses und einige sogar auf dem Dach, während Jeanne sich drinnen in ihrer Kammer zurechtmachte.

15. Februar

Da Henri und sie sich sehr heftig gestritten hatten, hatte sie beschlossen ihr schönstes Kleid anzuziehen; vielleicht um ihm zu zeigen, dass ihr wirklich an ihm lag und dass dieser kleine Zwischenfall ihrer Liebe keinen Abbruch getan hatte. Oder vielleicht hatte ihre Liebe einen kleinen Knacks abbekommen und sie hatte beschlossen, das zu vergessen. Fürs Erste.

Was Henri betraf, so dachte er, die Tatsache, dass er selbst für Jeanne eine Geburtstagstorte gebacken hatte, würde

15. Februar

Eindruck machen. Und Jeanne würde es als ein Zeichen seines guten Willens deuten und vielleicht sogar, warum eigentlich nicht, als ein Zeichen seiner Liebe.

Während die Torte im Ofen war, zog Henri sich eine saubere Hose an – das war das Mindeste bei einem Geburtstag. In diesem Augenblick wurde ihm klar, dass es schon nach sechs war. Er wollte auch noch ein neues Hemd anziehen, aber dazu war keine Zeit mehr. Jeannes Dorf war eine halbe Stunde Fußmarsch von seinem entfernt, und mit der Torte, die ziemlich schwer war, wusste er nicht genau, wie lange er brauchen würde. Kaum hatte er sich die Hose übergezogen, da rief er seine Mutter, damit sie ihm seine Mütze suchte, los, los. Aber seine Mutter war schon zum Fest gegangen. Also stürzte er in sein Zimmer, suchte sich selbst seine Mütze, setzte sie auf und ging los.

Als das Dorf in Sicht kam, erblickte er schon von weitem die Menge, die zusammengekommen war. „Wenigstens werde ich erwartet", dachte er stolz. „Letzten Endes hat ein kleiner Streit von Zeit zu Zeit noch niemandem geschadet. Ganz im Gegenteil! Vielleicht habe ich so noch viel größere Lust Jeanne zu sehen und ihr diese …"

Er hatte die Torte vergessen.

16. Februar
Das abgeschnittene Ohr

Jacky fehlte schon immer ein Ohr und all seinen Freunden war klar, dass er nur die Hälfte hörte.
„Und das reicht allemal!", sagte Jacky etwas spöttelnd. „Bei all dem Unsinn, den ihr redet, verpasse ich nicht viel."
Jacky war ein nicht ganz so naives Kaninchen – ein nicht ganz so dummes – wie seine kleinen Kameraden mit den langen Zähnen. Er erweckte den Eindruck einiges über das Leben zu wissen.
War es dieses abgeschnittene Ohr, das ihn bereits in jungen Jahren zu einer philosophischen Sicht der Dinge führte?

16. Februar

In Wirklichkeit war er eigentlich kein Philosoph, auch kein Denker, sondern eher ein nachdenkliches Kaninchen. Und zerstreut. Es passierte ihm nämlich tatsächlich, dass er nicht alles hörte, was man ihm sagte.

Also kann man nicht ausschließen, dass das nicht doch ein ganz klein bisschen von seinem abgeschnittenen Ohr herrührte.

17. Februar

Luc und die Querfürze

Julie war nicht krank. Camille war nicht krank. Remy, Sabine, Frank und Yvan waren auch nicht krank! Sie erfreuten sich, wie alle andern, bester Gesundheit.

Luc hatte genug von all diesen Kobolden, die ohne Unterlass jammerten, aber in Wirklichkeit gar nichts hatten. Er würde gerne echte Krankheiten behandeln, keine belanglosen Wehwehchen oder Fürze, die quer saßen.

Mittlerweile behandelte er seine kleine Gemeinde schon seit über hundert Jahren mit einer Engelsgeduld. „Früher", dachte er, „gab es echte Gesundheitsprobleme." Aber dank der Arzneien, die er erfunden hatte, ging es den Kobolden ausgezeichnet und schon seit einer Reihe von Jahren hatte sich keiner von ihnen mehr eine richtige Krankheit zugezogen. Und dann war der eine oder andere wieder zu Luc gekommen, um ihn wegen einer Nichtigkeit um Rat zu fragen, hier eine vorübergehende Erkältung, da eine lächerliche Beule.

Im Augenblick gab es nicht mal eine Beule oder einen Heu-

17. Februar

schnupfen. Die Kobolde standen in Lucs Sprechstunde Schlange, weil sie sich langweilten.

„Was kann ich für dich tun, Julie?", fragte er, als er die Koboldin mit verschämter Miene eintreten sah.

„Ich weiß nicht, ich habe ein wenig Bauchweh."

„Ist das alles?", fragte Luc.

„Ja, schon", antwortete Julie. „Was ist, muss ich etwa halb tot sein, um zu dir kommen zu können?"

„Aber nein!", sagte Luc. „Aber ein bisschen kränker schon! Dir sitzt nur ein Furz quer, das ist nichts weiter. Ich habe meine Zeit nicht gestohlen. Oder was glaubst du?"

„Aber untersuch mich doch wenigstens", sagte Julie. „Du hast mich ja noch nicht einmal angesehen."

„Ach, das ist es also!", sagte Luc. „Du möchtest, dass dich alle ständig angucken. Deswegen kommst du zu mir und jammerst!"

„Aber nein!", rief Julie. „Ich habe Bauchweh! Das ist wahr!"

„Herrje!", sagte Luc. „Diese Geschichte mit dem Bauchweh ist ein Märchen, du bist nur ein wenig deprimiert! Verschwinde!"

„Aber Luc! Was hast du denn?"

17. Februar

Und völlig unerwartet begann Luc zu weinen wie ein kleines Kind.

Julie musste ihn trösten, damit er wieder Mut fasste, ihr den Bauch abtastete, ihr eine kleine Diät und ein paar Medikamente verschrieb, kurz, damit er wieder seine Arbeit machen konnte.

Als sie nach Hause ging, entdeckte Julie, dass auf dem Rezept drei große Tränen waren, und ganz unten waren einige Worte hingekritzelt.

Als sie das Blatt näher vor die Augen hielt, denn sie war so alt wie Luc und konnte nicht mehr so gut sehen, da las sie: „Ich liebe dich seit achtzig Jahren und du hast nie etwas gemerkt."

18. Februar
Die Geschichte von Boris

„Im Wald gibt es ein geheimnisvolles Schloss und dieses Schloss ist so geheimnisvoll, dass es niemand jemals gesehen hat!", begann Boris, der Geschichtenerzähler.
Die Kobolde hatten sich um ihn geschart und hörten mit offenen Mündern mindestens zum hundertsten Mal dieselbe Geschichte.
„In diesem Schloss", fuhr Boris fort, „lebte ein widerlicher Greis."
Stille.
„So wie ich", fuhr Boris fort.
„Oohhh!!! Nein!!!", schrien die Kobolde. „Du bist nicht widerlich!"
„Seid still und hört mir zu!", sagte Boris.
Wieder verfiel die Versammlung in Schweigen. Boris fuhr mit seiner Geschichte fort. Jeder kannte sie auswendig, empfand aber jedes Mal wieder genauso viel Vergnügen sie zu hören. Und Boris seinerseits hatte genauso viel Spaß daran, sie zu erzählen.

18. Februar

Eines Tages begann er seine Geschichte und vergaß, „widerlich wie ich" zu sagen.

Er erzählte, dass es ein geheimnisvolles Schloss gab, das niemand jemals gesehen hatte und in dem ein Greis wohnte. Punkt. Aus.

Tja, keiner der Kobolde hörte sich den Rest der Geschichte an, denn alle sagten sich, dass, wenn niemand dieses Schloss je gesehen hatte, das wohl daran lag, dass es dieses Schloss gar nicht gab. Und sie sahen wirklich nicht ein, welches Interesse man daran haben könnte, sich eine solche Geschichte anzuhören.

19. Februar
Die guten und die schlechten Geschichten

„Man kann dumme Geschichten von kleinen, ekelhaften Tieren erzählen, die in Salatköpfen wohnen, von Bienen, die Sabine heißen, weil sich das reimt – ein Vorname wie zu Urgroßmutters Zeiten – und die kleine Gartenprobleme haben. Diese Art von Schwachsinn interessiert mich nicht", sagte Gregory. „Ich liebe Geschichten, die etwas zu sagen haben."

Gregory schrieb seit langem Geschichten für sein Dorf und die Kobolde kamen ihn besuchen – meistens am Sonntagmorgen, mit Croissants und andern guten Sachen –, damit er ihnen erzählte, was er am Vortag geschrieben hatte.

Am Tag vorher hatte Gregory eine Art Blockade gehabt: Es war ihm nicht gelungen, eine einzige Geschichte zu schreiben.

Er hatte zwar ein paar Ideen gehabt, aber als er sie dann niederschrieb, fand er sie nicht gut und er hatte aufgegeben. Anstatt weiterzumachen, hatte er den weisen Entschluss gefasst zu Bett zu gehen. Am nächsten Morgen, nachdem er den Kobolden gesagt hatte, dass er keine Geschichte für sie habe, war er spazieren gegangen. Seine Schritte führten ihn rein zufällig in die Nähe der Hütte von Antoine, einem Kobold, der gerade aus Belgien gekommen war und der sich in den Kopf gesetzt hatte es ihm gleichzutun und ebenfalls Geschichten zu schreiben. Geschichten, die, nebenbei bemerkt, ziemlich großen Erfolg hatten. So sehr, dass Antoine sich einbildete, er sei ein ebenso guter Geschichtenerzähler wie Gregory.

Ohne dass dies der Karriere Gregorys Abbruch tat, denn der hatte eine treue Hörergemeinde, wuchs doch Antoines Erfolg bei den Kobolden immer mehr. Da sich Antoine andererseits seine Geschichten teuer bezahlen ließ, hatte er seine Hütte recht luxuriös einrichten können. Fast so luxuriös wie die seines Nachbarn, des Zahnarzt-Koboldes.

An diesem Tag also hatte Gregory keine neue Geschichte zu erzählen, und als er das den Kobolden ankündigte, waren sie enttäuscht, trösteten sich aber mit dem Gedanken, dass Antoine sicherlich eine hätte. Also gingen sie alle zu Antoine.

19. Februar

Gregory ärgerte sich etwas, als er alle seine Kobolde bei Antoine sitzen sah.

Niemand hatte ihn bemerkt und er nützte die Gelegenheit, sich hinter der Tür zu verstecken, um sich diese Geschichte anzuhören, die alle so zu faszinieren schien.

Umso verblüffter war er, als er eine Geschichte zu hören bekam, die – wenn auch lange nicht so gut – einer von seinen eigenen ähnelte!

Ihm wurde klar, dass sich Antoine nicht nur von seiner Geschichte hatte inspirieren lassen, sondern sie zu einer Art nichtssagenden Inhaltsangabe verkürzt hatte. Was er erstaunlich fand, war, dass die Kobolde Antoine genauso aufmerksam zuhörten, wie sie ihm zuhörten, und den Unterschied zwischen einer guten und einer schlechten Geschichte nicht zu erkennen schienen.

Das ärgerte ihn sehr und auf dem Heimweg dachte er nach.

Er beschloss den Kobolden zu zeigen, dass ein großer Unterschied bestand zwischen seinen Geschichten und denen von Antoine, die so dumm waren, dass einem ganz blass um die Nase werden konnte.

Er versammelte sie also um sich und begann mit seinen Ausführungen. Zu seinem großen Erstaunen schienen sich

19. Februar

die Kobolde überhaupt nicht dafür zu interessieren, was er ihnen sagte. Sie begannen zu murren und sich zu zanken und schließlich forderten sie: „Eine Geschichte! Wir wollen eine Geschichte!"

Da begriff er, dass eine wirklich gute Geschichte durch nichts zu ersetzen ist, und beendete seine Erklärungen.

Er machte sich an die Arbeit und schon am nächsten Tag hatte er eine großartige Geschichte von Hexen und Kobolden geschrieben.

Und sehr bald überflügelte sein Erfolg bei weitem den seines glücklosen Rivalen, der in seiner leeren Luxushütte vor Wut mit den Füßen trampelte.

20. Februar

Memet

Memet langweilte sich. Er hatte Lust, jemandem einen Streich zu spielen, und fragte sich, wem und was für einen. Irgendwie war er zu brav in der letzten Zeit und Bravsein bedeutete für ihn Langeweile.

Memet war ein Kater, um den sich niemand so recht kümmerte, und in einer Hinsicht war er darüber ganz glücklich, denn er hatte seine Ruhe. Er fand hier und da etwas zu fressen und es gab ein Katzenloch, durch das er die Küche verlassen konnte. Er hatte alles, um glücklich zu sein.

Warum spielte er dann also anderen diese Streiche, die ihn so unausstehlich machten?, fragten sich Chloé und Lea, seine Freundinnen.

„Vielleicht, damit man ihm Beachtung schenkt", sagte Chloé.

„Aber bei mir macht er das nie!", sagte Lea.

„Du bist in ihn verliebt und das weiß er", erklärte Chloé.

„Es macht keinen Spaß, dich zu necken, denn du magst das. Wart mal, was hältst du davon, wenn wir zur Ab-

20. Februar

wechslung mal Memet einen Streich spielen? Der hat sich ewig nicht blicken lassen."
Die beiden Katzen gingen zu dem alten Kachelofen, hinter dem Memet normalerweise schlief. Sie gingen einmal um ihn herum und fanden nur seine alte Decke voller weißer und rotbrauner Haare.

20. Februar

Memet kehrte aus dem Garten zurück und hörte die Stimmen seiner Freundinnen. Er versteckte sich hinter einem Möbelstück, um auf sie draufzuspringen, sobald sie in Reichweite wären. Chloé mochte er am liebsten. Na, der würde er vielleicht einen Schrecken einjagen!

Wenn Chloé und Lea genau in diesem Moment Memets Gedanken hätten lesen können, dann hätten sie ihre Antwort gehabt: Man neckt die, die man liebt, und nicht die Leute, die einem völlig gleichgültig sind.

Aber Memet verpatzte seinen Sprung und landete auf Lea. Lea war erst benommen von dem Schlag, dann sah sie Memet an und lächelte ihn ganz charmant an. Memet kam ein für alle Mal zu dem Schluss, dass er von Katzen nichts verstand.

21. Februar

Fanfan, eine Un-Hexe?

Eine Hexe ist niemals ganz und gar Hexe. Sie hat immer etwas Un-Hexenhaftes an sich, so wie alle Kobolde einen Anteil von Un-Koboldhaftem haben. Anders gesagt einen Anteil Hexe.

Fanfan war die Hexe, die die Kobolde am meisten fürchteten, und zwar genau deswegen: Das Un-Hexenhafte bei ihr war ihre äußere Erscheinung. Von weitem sah sie aus wie eine x-beliebige Koboldin aus dem Dorf. Aber war sie nicht vielleicht im Grunde ihres Wesens tatsächlich eine Un-Hexe?

Wenn man sie genauer anguckte, dann sah man schon, dass ihre Mütze etwas groß war, und ganz verdreht, und dass bereits in der letzten Dämmerung das Rot ihres Kleides einen Stich ins Violette bekam. Dass ihre Nase beim Trinken auf den Boden des Glases stieß. Und so weiter und so fort.

Aber es waren nicht so sehr diese kleinen Details, weswegen die Leute sagten, dass Fanfan ohne Zweifel eine Hexe

21. Februar

sei. Die entscheidenden Dinge liefen im Inneren ihres zermarterten Hirns und ihres vertrockneten Herzens ab.

Eines Tages, als Jeanne und Jean sich die Hände hielten, wie sie das oft taten, begann Fanfan zuerst zu lachen wie eine Bekloppte und zeigte mit dem Finger auf die beiden. Niemand verstand, warum sie so lachte. Sie konnte sich nicht mehr einkriegen. Und dann begann sie nach Luft zu schnappen und fiel hintenüber. Jeanne und Jean mussten sie nach Hause tragen.

Als die Kobolde näher kamen und sie anheben wollten, begann sie sich zu sträuben und verteilte Fausthiebe und Fußtritte. Vor allem an Jeanne.

Als sie sich beruhigt hatte, nachdem man sie an ihr Bett gefesselt und ihr Tee verabreicht hatte, vertraute sie sich ihnen an: dass sie es nämlich nicht ertragen konnte, wenn andere glücklich waren.

Nein, ganz klar, Fanfan war nicht die Un-Hexe, für die man sie hielt. Sie war ganz einfach eine Hexe.

22. Februar

Kaninchen sind Leute wie du und ich

Man sagt ein bisschen vorschnell, dass Kaninchen verrückt seien. „Die sind plemplem, diese Kaninchen!" „Aber der hat sie doch nicht alle, der alte Hoppler!" Solche Sätze hört man leider viel zu oft: Dabei sind Kaninchen Leute wie du und ich.

Es musste neun Uhr sein, draußen war es schon hell. Niemand hatte bisher seine Tür geöffnet, als man Jo schreien hörte: „Aufhören! Aufhören! Dieses Getrommel jeden Morgen, seit einer Woche, das ist unerträglich!"

„Keine Frage", dachten die, die ihn gehört hatten, „Jo träumt wieder mal schlecht." Es gab keinen Lärm, nirgendwo. Oder aber er war verrückt.

Jo war aber nicht verrückt.

Frank, sein Feind, hatte einen unterirdischen Gang von seinem Bau zu dem von Jo gegraben, und wenn er erst einmal unter Jos Schlafzimmer angekommen war, spielte er auf der Trommel, seit einer Woche.

Nur um Jo den letzten Nerv zu rauben.

Nun, Jo brauchte über ein Jahr, um zu beweisen, dass man jeden Morgen unter seinem Schlafzimmer herumtrommelte.

„Ja, ja, unter deinem Schlafzimmer wird getrommelt!", sagte Frank. „Seit einem Jahr! Wie unangenehm! Du bist zu bedauern, armer Jo!"

Von zwei Kaninchen ist nicht immer das das verrückte, von dem es alle glauben.

23. Februar

Freddys Café

Freddy betrieb eine Art Café auf der Lichtung. Genau genommen war es nicht mehr und nicht weniger als ein Loch zwischen zwei Wurzeln, aber Freddy nannte diesen Ort sein Café und war stolz darauf.
Sowohl Kobolde als auch kleine Tiere kamen gern dorthin, um etwas zu trinken und dabei zu schwatzen, sobald die wärmenden Sonnenstrahlen auf die Lichtung schienen. So war es auch an diesem Tag. Um zwei Uhr nachmittags war es in der Sonne fast heiß, und der eine oder andere nutzte die Gelegenheit und ließ sich auf einer der dicken glatten Wurzeln von Freddys Kastanienbaum nieder.
Freddy war zwar ein Eichhörnchen, aber es war ihm nie in den Sinn gekommen, in die Bäume zu klettern, und er lebte glücklich und zufrieden in seinem Loch auf Bodenhöhe.
„Sag mal, Freddy", begann Nico, der einen braunen Saft schlürfte, der zwar wie Kaffee aussah, aber nichts anderes war als Erdsaft mit einem leichten Beigeschmack von Nussbeize, „sag mal, warum steigst du nie in die Bäume?"

„Das habe ich nie gelernt", sagte Freddy. „Nach meiner Geburt bin ich vom Baum gefallen und meine Eltern haben mich liegen lassen. Ich bin von Mathilde aufgezogen worden und seitdem lebe ich wie eine Ratte und kann mich nicht beklagen. Ganz im Gegenteil. Wenn es kalt ist, bin ich ganz froh hier unten zu sein, da, im Boden, schön im Warmen, und dann denke ich an euch! Brrr!"

„Das stimmt", sagte Romain, ein Eichhörnchen, das sein Bruder hätte sein können, so sehr ähnelte es ihm. „Ich würde auch gern leben wie eine Ratte."

„Was hindert dich daran?", fragte Nico.

„Ich weiß nicht", antwortete Romain. „Die Trägheit, keine Frage."

„Warum? Gefällt's dir nicht bei dir zu Hause?"

„Doch, aber meine Eltern."

„Und du bist nicht glücklich mit deinen Eltern?"

„Doch, aber ich hätte gern eine eigene Wohnung."

„Wozu?", fragte Freddy.

„Um frei zu sein", sagte Romain.

„Frei wozu, zum Beispiel?"

„Ich weiß nicht. Essen, wenn ich dazu Lust habe. Freunde besuchen, egal, wie spät es ist … bis zehn Uhr schlafen."

„Kannst du das etwa nicht?", fragte Freddy. „Du bist

23. Februar

gerade erst aufgestanden. Guck mal, was du für eine Frisur hast! Und jetzt sitzt du hier gerade und trinkst einen Saft!"

Romain antwortete nicht, denn er machte wirklich genau, was er wollte. Er war erst um zwei Uhr aufgestanden. Das stimmte. Und jetzt schwatzte er hier mit seinen Freunden. Aber den Gedanken, jemand anders zu sein, fand er reizvoll. Ohne weiter darüber nachzudenken.

24. Februar

Anna

Anna Elster war krank. Sie hatte einen ganzen Haufen toter Würmer gegessen und die lagen ihr jetzt schwer im Magen. Das Problem bei Anna, wie bei vielen Elstern, war, dass sie eine Diebin war. Sie konnte es sich nicht verkneifen, alles zu klauen, was sie sah, sobald sie glaubte allein zu sein.

Ray hatte sich in der Tat gut versteckt. Er selbst hatte die Würmer, die er vorher einem Angler am Strand geklaut

24. Februar

hatte, dorthin gelegt, damit Anna sie stehlen konnte. Ray war in Anna verliebt, aber seine spöttische Art trieb ihn dazu, jedermann Streiche zu spielen, Anna eingeschlossen, die er insgeheim seine Verlobte nannte.

Als Anna die Würmer erst einmal im Magen hatte, zog sie ein Gesicht. Das war normal, sie hatte einen fürchterlichen Brechreiz.

Mit kleinen Flügelschlägen kehrte sie nach Hause zurück. Sie hatte keine Kraft. Kaum hatte sie abgehoben, da hörte sie Rays unverkennbares Lachen. Sie begriff, dass er ihr einen Streich gespielt hatte. Wütend beschloss sie während des ganzen Winters kein Wort mehr mit ihm zu reden.

Ray wollte sehen, wie seine Verlobte reagierte. Als er bei Annas Nest angekommen war, spielte er wieder den Herzensbrecher wie gewöhnlich. Anna würdigte ihn nicht eines Blickes. Staunend machte Ray jetzt erst recht Komplimente und kleine Späße, die normalerweise Elstern zum Lachen bringen. Nichts.

Als er sah, dass seine Sprüche nichts bewirkten, ging er zu Susanne, Annas Nachbarin.

„Ich gehe zu Susanne", sagte er, als er davonflog. „Wenn du mir was zu sagen hast, weißt du ja, wo du mich findest."

24. Februar

Bei Susanne zog Ray seine übliche Nummer ab, Späße, gemischt mit Komplimenten. Susannes Lachen war weithin zu hören.
Einige Minuten später schneite Anna herein. Angeblich, um sich etwas von Susanne auszuleihen.
„Ach nee", dachte Ray.

25. Februar
Seit Koboldgedenken

Bekanntlich gibt es bei den Kobolden ein Rotationsverfahren für den Chefposten.
Was? Sie wissen nicht, was das ist? Dann wissen Sie wahrscheinlich gar nichts über die Kobolde. Denn das R. V. ist die Grundlage ihrer legendären Eintracht. Ich frage mich, wie es möglich ist, dass Sie davon nichts wussten. Und warum weiß ich es und Sie nicht?
Nun denn. Wir wollen uns nicht streiten. Hören Sie also: Die Kobolde haben einen Chef, der sich selbst ernennt und seinen Posten einem andern überlässt, wenn er keine Lust mehr hat Chef zu sein.
Um Chef zu sein, muss man gewisse Bedingungen erfüllen: über hundert Jahre alt sein und seit mindestens fünfzig Jahren keinerlei Anlass zu irgendwelchen Klagen und Vorwürfen seitens der anderen Kobolde gegeben haben.
Wodurch schon mal eine ganze Menge Leute unter den Tisch fallen. Aber so seltsam das auch erscheinen mag, es bleiben doch einige Kobolde im Rennen. Das heißt,

dass sie untereinander von ausgesuchter Höflichkeit sind, nur um zum Chef ernannt zu werden.

Sind sie aber erst einmal ernannt worden, dann bleiben sie liebenswürdig, obwohl sie jetzt alle Freiheiten genießen.

Dieses System ist gar nicht schlecht, denn ich muss Ihnen sagen, dass sie fünfzig Jahre lang Zeit gehabt haben, das Zusammenleben mit anderen zu lernen.

Aus unerfindlichen Gründen ist noch nie eine Koboldin zur Chefin ernannt worden. Seit Koboldgedenken!

Früher hat es wohl einmal Koboldchefinnen gegeben; aber das waren dann eher Königinnen und das hat nichts mit unserer heutigen Lektion – pardon, *Geschichte* zu tun.

26. Februar
Juju der Irre

Juju Eichhorn lag in tiefem Schlummer. Es schneite so stark, dass er beschlossen hatte mit seinen Besorgungen zu warten. Er hatte sich vor zwei, drei Stunden mit einem Buch in der Hand auf seinem Bett ausgestreckt, war aber, noch ehe er es öffnen konnte, in tiefen Schlaf gesunken.
Als der Schnee schließlich aufgehört hatte zu fallen, war Thomas, ein anderes Eichhörnchen in seinem Alter, zu ihm hochgeklettert, und als er mit großem Trara bei der Ankunft auf Jujus Ast den Schnee wegfegte, sah er, dass dieser mit geballten Fäusten schlief. Er konnte der Versuchung, ihm einen kleinen Streich zu spielen, nicht widerstehen, warf Juju einen Schneeball gegen den Kopf und versteckte sich dann, um die Reaktion seines Freundes abzuwarten.
Juju schreckte hoch, blickte um sich, und als er verstand, was geschehen war, begann er zu schreien und alles um sich herum kurz und klein zu schlagen. Seine eigenen Sachen! Die, die er mochte, genauso wie die, die er hasste.

26. Februar

Denn er besaß Dinge, die er hasste! So viel nur zum Beweis, dass er schon vor der Sache mit dem Schneeball verrückt gewesen war und seine Reaktion von daher gar nicht so erstaunlich war.

27. Februar

Im Leben kommt es auf Genauigkeit an

Die weiße Birke hob sich wie ein Blitz gegen den tiefblauen Himmel ab. Das war der einzige Baum mitten auf einer kleinen Ebene, die mit Winterheidekraut bedeckt war.

„Siehst du", sagte Archie, „den Baum dahinten? Der ist genauso alt wie ich."

„Wirklich?", fragte der kleine Frischling, den alles beeindruckte, was sein Vater ihm erzählte. „Woher weißt du das?"

„Nun, als ich so alt war wie du, war das ein ganz kleiner Baum, etwa so hoch."

„Aber woher weißt du, dass er ganz genauso alt ist wie du, und nicht nur ungefähr so alt?", fragte der Frischling.

„Nicolas!", sagte Vater Wildschwein. „Jetzt sag mir mal bitte eins: Was hast du denn davon, das so genau zu wissen? Ist es nicht vielmehr die Tatsache, dass der Baum mein Alter hat – ob nun ganz genau oder ungefähr –, die wichtig ist?"

27. Februar

„Aber du hast doch zu Miriam und mir immer gesagt, dass es im Leben auf Genauigkeit ankommt."

„Da werde ich mich geirrt haben. Das hätte ich so nicht sagen sollen. Apropos, wo ist deine Schwester überhaupt? Ich habe sie schon eine ganze Weile nicht mehr gesehen."

„Seit wie lange genau?"

„Du nervst!", sagte Papa Wildschwein. „Antworte mir. Weißt du, wo Miriam ist?"

„Oh! Die ist sicher irgendwo im Wald", sagte Nicolas.

„Was soll das heißen, irgendwo? Kannst du das nicht gefälligst ein bisschen genauer sagen?"

„Moment mal, Moment mal!", sagte der Frischling.

28. Februar

Manus Prüfung

Manu hatte eine Art Prüfung zu bestehen. Diese Prüfung bestand darin, so viele Haselnüsse wie möglich zu essen, während sein Freund Jean von Baum zu Baum hüpfte, ohne den Erdboden zu berühren, und dabei einmal ganz um die Lichtung lief.

Also im Grunde eine Art Eichhorn-Baseball.

Dem Anschein zum Trotz eine gar nicht ganz so leichte Prüfung. Denn man musste nicht nur kräftig trainieren, um auf eine beträchtliche Anzahl von Haselnüssen zu kommen, wobei zwanzig das Maximum war, sondern es war ebenso wichtig, dass Jean bei seinem Lauf nicht allzu schnell war. Nun, an diesem Morgen war Jean in Hochform.

Außerdem musste man auch einen erheblichen Vorrat an Haselnüssen anlegen.

Schließlich war es wichtig, dass Julien, der Schiedsrichter, wirklich unparteiisch war. Jetzt hatte er sich aber gerade wegen der blöden Sache mit der gestohlenen Brille mit Manu gestritten.

28. Februar

Außerdem hatte Manu so viel trainiert, dass er nur noch wurmstichige Haselnüsse hatte. Was bedeutet, dass nicht alle Bedingungen erfüllt waren, damit Manu die Prüfung bestehen konnte.

Als Julien das Startsignal gab, sah Manu seinen Haselnussvorrat an, sah Jean, der mit einer Behändigkeit von Baum zu Baum sprang, die er bis dahin bei ihm noch nie gesehen hatte, sah wieder Julien an, der auf seine Stoppuhr starrte und dabei hämisch lachte. Er kriegte nicht einmal ein Wort raus, da war Jean auch schon wieder zurück und Julien schrie: „STOPP!"

Glücklicherweise war es nur ein Spiel und keine richtige Prüfung.

Aber keiner amüsierte sich.

Außer den Würmern in den Haselnüssen.

29. Februar

Etwas dumme Eltern

Alle vier Jahre und nur alle vier Jahre feierte Jules seinen Geburtstag, und er nahm es seinen Eltern übel, dass sie ihn an diesem Tag hatten zur Welt kommen lassen.
„Aber mein Schatz, das sind Dinge, die man nicht selber entscheiden kann", sagte seine Mutter. „Man kommt zur Welt, wenn es so weit ist. Das ist, glaube ich, der Satz von einem großen Philosophen, ein sehr wahrer Satz, wie alle Sätze von Philosophen."
„Und außerdem bist du so viermal jünger", fügte sein Vater hinzu. „Du bist erst eins, wenn die anderen, so wie Greg, schon vier sind, obwohl sie nach dir zur Welt gekommen sind! Greg ist doch am 1. März geboren, nicht wahr?"
Jules verdrehte die Augen und dachte, dass seine Eltern dumm waren. In der Beziehung war er tatsächlich weiter als seine kleinen Kameraden, die niemals gewagt hätten, so etwas zu denken.
Die Frage war, ob man seine Eltern trotzdem lieben

konnte, auch wenn man sie dumm fand. Jules wollte sich diese Frage nicht beantworten und steckte den Kopf wieder in sein Buch.

„Ich finde sie dumm", dachte er. „Aber sind sie es wirklich?"

„Mein Schatz", sagte seine Mutter, „gräm dich doch nicht, dass du nur alle vier Jahre Geburtstag hast. Weißt du, es gibt Tiere, die haben gar keinen, und die machen deswegen nicht so einen Zirkus."

Jules fragte sich, welche Tiere wohl gar keinen Geburtstag hatten, und stellte die Frage seiner Mutter.

„Die Schmetterlinge, zum Beispiel", sagte sie.

„Sicherlich auch andere Insekten", sagte sein Vater.

Jules verdrehte die Augen.

Ein Schmetterling! Aber konnte ein Schmetterling überhaupt denken?

Seine Eltern wollten ihn beruhigen und verglichen ihn mit einem Insekt!

Er sah seine Mutter an und dachte: „Na gut, ja. Meine Mutter ist dumm und doch liebe ich sie. Ich liebe sie vielleicht noch mehr, als wenn sie intelligent wäre ... Nein, genauso viel."

1. März

Die Cynorrhodons

Chloé hasste es zu kochen, und ihr Freund Marc auch. Wenn sie sich an den Tisch setzten, dann gab es meistens Gerichte, die ihre Nachbarinnen, Sarah und Zoé, zubereitet hatten. In der Regel Crêpes.

Aber Sarah und Zoé hatten die Nase voll davon, für Marc und Chloé all diese guten Sachen zu kochen, ohne jemals etwas zurückzubekommen.

Als Chloé wie jeden Morgen mit ihrem leeren Korb kam, stellte sich Sarah an die Tür und sah sie mit einem komischen Blick an.

„Guten Tag, Sarah. Wie geht's?", fragte Chloé. „Du siehst heute seltsam aus."

„Nein", sagte Sarah. „Ich habe nichts Seltsames an mir. Ich habe mich nur gefragt, ob du mir wohl auch mal eines Tages etwas bringen wirst, im Gegenzug für die Crêpes, die Zoé und ich euch schenken."

Chloé wurde verlegen und antwortete nicht.

„Denn Zoé und ich, wir finden ...", fuhr Sarah fort.

1. März

„Aber ich kann nichts kochen", sagte Chloé. „Was könnte ich euch bringen?"

„Etwas, was du im Wald pflücken könntest, zum Beispiel. Cynorrhodons, die sind jetzt verblüht und gerade richtig, davon könntest du uns welche bringen!"

„Was ist das …? Ich weiß nicht, was das ist … Rhododendrons?"

„Keine Rhododendrons! Cynorrhodons. Aber du hast ja wirklich keine Ahnung! Verschwinde! Verschwinde! Du elender Dummkopf!"

Solche Kobolde gibt es, die nichts wissen, die den ganzen Tag nichts tun und von den andern gefüttert werden.

So welche kennen wir alle.

2. März
Ein Jammerkobold

Freddy verbrachte seine Zeit damit, sich bei seinem Freund Luc zu beklagen.
Da Luc Koboldarzt werden wollte, sagte er sich, dass, wenn er sich geduldig anhörte, wie sich Freddy über das kleinste Wehwehchen ausheulte, er an ihm üben und so seinen Beruf erlernen könnte.
Eines Tages kam Freddy mit weinerlicher Stimme zu ihm, aber ohne eine offensichtliche Verletzung und ohne ein Gesicht zu ziehen. Ganz im Gegenteil fand Luc, dass er blendend aussah, fröhlich, trotz seiner Klagen, die infolgedessen falsch wirkten.
„Wie geht's?", fragte Luc. „Du siehst ausgezeichnet aus."
„Findest du? …", sagte Freddy. „Ich fühle mich jedoch gar nicht gut."
„Hast du Bauchweh?", fragte Luc.
„Nein, nicht sonderlich", antwortete Freddy.
„Ja oder nein, hast du Bauchweh?", fragte Luc barsch.
„Nun, nein. Nicht richtig."

2. März

„Also, was ist es denn?", fragte Luc genervt.

„Ich weiß es nicht, es geht mir mittelmäßig."

Luc wusste nicht, was er sagen sollte. Er sah seinen Freund Freddy an, der die Augen niederschlug und schwieg.

„Ich glaube, dass man sich zu sehr mit dir beschäftigt, mein lieber Freund", sagte Luc. „Und du selbst auch, du beschäftigst dich ein wenig zu sehr mit dir. Versuch einmal, dich ein wenig mit den anderen zu beschäftigen, und es wird dir besser gehen. Du wirst sehen."

„Aber niemand braucht mich", sagte Freddy.

Freddy hatte Recht. Da er den ganzen Tag jammerte, gingen ihm alle aus dem Weg und es wäre niemandem in den Sinn gekommen, ihn um einen Gefallen zu bitten. Man fragte ihn einfach, ob es ihm gut ging, und Freddy antwortete niemals mit Ja.

„Es gibt keine Lösung für dich, Freddy", sagte Luc etwas hart. „Du bist ein hoffnungsloser Fall. Du wirst immer ein Jammerkobold bleiben. In jedem Kobolddorf hängen zwei oder drei von deiner Sorte rum. Nun gut, hier bei uns bist du das. Das ist nicht weiter schlimm, das ist halt so."

„Meinst du wirklich?", fragte Freddy ganz aufgeregt.

Und er ging zurück nach Hause, glücklich, endlich etwas Besonderes zu sein: und zwar der Dorfjammerer.

3. März
Anschauungsunterricht

Der Mond schien über dem Wald. Alle hatten es bemerkt, als sie zu Jeans und Jeannes Feier gingen, denn er schien wie nie zuvor. Frank starrte ihn an, den Kopf nach oben gerichtet. Er stellte sich eine Menge Fragen über den Mond: Warum er so sehr schien? Was das eigentlich war, dieses Loch in der Decke? Warum da Licht war in dem Loch? Und ob das überhaupt ein Loch war?
„Aber klar ist das ein Loch", sagte Jean. „Und ein viel größeres Loch, als du denkst. Ein riesiges Loch. Es sieht nur klein aus, weil es so weit weg ist."
„Aber was ist hinter dem Loch?"
„Die Sonne!", antwortete Jean. „Deswegen scheint er auch so."
„Und warum nennt man es dann den Mond? In Wirklichkeit ist es doch die Sonne."
„Ja", sagte Jean. „Es ist die Sonne. Aber man muss ihm ja einen Namen geben. Wenn man ihn auch Sonne nennen würde, dann könnte man durcheinander kommen."

3. März

„Woher weißt du das?", fragte Frank.

„Ich weiß es eben, das ist alles. Woher weiß ich zum Beispiel auch, dass hinter dem Wald praktisch nichts mehr ist?"

„Wie meinst du das, praktisch nichts? Ich dachte, da ist wirklich NICHTS?"

„Oh! Es gibt so eine Art Ödland, aber das ist nichts weiter."

„Und der Mond da oben, wozu ist der da? Warum gibt es ein Loch im Himmel?"

„Damit man trotzdem noch ein bisschen was sehen kann, wenn die Sonne zu Bett gegangen ist. Sonst würde man ja ständig irgendwo gegenrennen oder sich auf die Nase legen, verstehst du?"

„Und wo hat sich die Sonne schlafen gelegt?"

„Na, Mensch! Hinter der Nacht, du Dummkopf! Die Nacht ist wie ein riesiges schwarzes Laken mit einem Loch drin, das ist der Mond. Verstehst du? In deinem Alter weißt du das noch nicht? Wie alt bist du überhaupt?"

„Siebenundvierzig."

„Na ja, das geht noch."

Während des Festes, das die ganze Nacht dauerte, guckte Frank den Mond an und fragte sich, warum das Loch nicht

3. März

immer die gleiche Größe hatte. Er hatte beobachtet, dass der Riss manchmal nicht so groß war. Dann war er nur ein Spalt in der Form eines Fingernagels, kein Kreis. Wie war es möglich, dass das Loch so sehr seine Größe veränderte? Er ging zu Jean, der gerade über einen Witz lachte, den Jeanne ihm zum hundertsten Mal erzählt hatte, und fragte ihn.

„Das macht der Wind", sagte Jean. „Jetzt geh dich ein bisschen amüsieren. Du hast für heute genug gelernt."

Aber Frank wollte sich nicht amüsieren und guckte weiter den Mond an.

„Er bewegt sich, Jean. Das Loch bewegt sich!"

„Klar bewegt er sich!", sagte Jean. „Bewegst du dich etwa nicht?"

4. März
Wieder ein Streich von Frank

Joe lag auf der Erde und warf einen hasserfüllten Blick auf seinen Freund.
Er wusste nicht, wie er sich an Frank rächen sollte, der seine ganze freie Zeit damit verbrachte, ihn zu ärgern. Er hatte genug davon. Zu Beginn des Winters, während des großen Dezemberfrosts, hatte Frank zum Beispiel Wasser auf seine Türschwelle gegossen, das dann gefroren war, und Joe war hingefallen und hatte sich den Knöchel verstaucht. An einem anderen Tag hatte er ihm Salz in den Kaffee getan. Und so weiter und so fort.
Frank war zu Joe gekommen und hatte sich an den Gartentisch gesetzt.
„Hallo Joe. Wie geht's?"
„Sehr gut, und dir?"
„Nicht so gut. Ich habe fürchterliche Zahnschmerzen."
Einer von Joes Fehlern war der, zu glauben, dass er alles selber machen könne. So glaubte er zum Beispiel, Zahnschmerzen behandeln zu können.

4. März

„Zeig mal. Du hast wahrscheinlich ein Loch."

„Aaaaaaa!", machte Frank und riss den Mund weit auf, als Joe näher kam.

„Warte, bis ich näher dran bin, ehe du den Mund aufsperrst."

„Aaaaaaa!", machte Frank noch einmal direkt unter Joes Nase, der zusammenzuckte und hintenüberfiel.

Frank hatte mehrere Knoblauchzehen gegessen, ehe er zu Joe gegangen war.

Joe, der nach seinem Fall etwas benommen war, hatte jetzt einen Brechreiz.

Wie hatte Frank Knoblauch zum Frühstück essen können? Nur, um ihm einen Streich zu spielen?

Im Augenblick konnte sich Frank vor lauter Lachen gar nicht

mehr einkriegen und Joe lag auf der Erde und fragte sich, wie er sich rächen könnte.

Er fragte sich, warum einige Kobolde, so wie Frank, anderen so gerne Streiche spielten. Was war das wohl für einer, der ständig das Bedürfnis hatte, sich zu amüsieren? Er fand das Leben so schon kurzweilig genug, ohne dass er es nötig gehabt hätte, ständig auf Kosten der andern zu lachen. Obwohl …

Er stand auf und verpasste Frank eine gewaltige Ohrfeige. Der hörte sofort auf zu lachen.

Jetzt fing Joe seinerseits so laut zu lachen an, dass alle in der Lichtung aufschreckten.

„Was ist los?", fragten sie, als sie herbeigelaufen kamen.

„Nichts", sagte Joe. „Ich habe Frank einen Streich gespielt."

Joe hatte nicht verstanden, was ein Streich ist, und er würde es vermutlich nie verstehen.

5. März
Rafy, Romain, Mat und die andern

Romain war einer der jüngsten Kobolde auf der Lichtung und in seiner Eigenschaft als „SchTrollCh" (so nannte man die Jungkobolde) hatte er eine ganze Zahl von Frondiensten zu verrichten, die die Älteren, als sie in seinem Alter waren, auch hatten verrichten müssen. Dabei hatten sie es sicher ebenso widerwillig wie er getan und hatten sich ebenso wenig davor drücken können.

Sein Freund Ramy, der etwas älter war als er und von diesen Pflichten befreit war, wartete auf ihn und machte etwas Musik. Er konnte zwar kein Instrument spielen, aber es vertrieb ihm die Zeit.

Mat verbrachte ihre Zeit mit Lesen und schenkte den kleinen Zankereien der Jungs keine Beachtung, außer wenn sie zu sehr lärmten.

Lola machte sich die Haare zurecht. Das dauerte Stunden, oder sie ließ die Haare lang herunterfallen, „im Hexenstil", und der Erfolg, den sie damit bei den Jungs hatte, bestärkte sie in dem Entschluss, aufs Frisieren zu verzichten.

5. März

Matthias verbrachte seine Zeit damit, auf JP, der Schnecke, in der Gegend rumzufahren. Er nannte sie sein „Moped".
Es gab noch andere Jungkobolde, aber die blieben meistens bei ihren Eltern und gehörten nicht zur Clique.
An diesem Tag beschloss Romain Schauspieler zu werden. Seitdem er neulich bei einem Theaterstück mitgespielt hatte, wusste er, welchen Beruf er einmal ergreifen würde.
„Schauspieler!", sagte Mat. „Das muss superanstrengend sein!"
„Nicht besonders. Du lernst deine Rolle, einen Satz oder zwei, du trägst ihn vor, und alle klatschen, sobald du fertig bist."
„Verstehe!", sagte Rafy. „Und wenn du schlecht bist, dann auch?"
„Klar", sagte Romain, „dann auch."
„Warum klatschen die Leute, wenn du schlecht bist?", fragte Mat.
„Weil die Leute denken, dass es noch schwieriger ist, wenn du schlecht bist", sagte Romain.
„Tatsächlich?", fragte Rafy erstaunt. „Ich dachte, wenn man einen Text schlecht spricht, dann sind die Zuschauer unzufrieden und klatschen nicht."
„Doch, doch", sagte Romain. „Sie klatschen, weil es noch

5. März

schwieriger ist, einen Satz zu sagen, wenn man dabei an etwas anderes denkt."

Ah!", sagte Mat. „Jetzt verstehe ich. Dann werde ich auch Schauspielerin, denn ich bin immer mit den Gedanken woanders."

„Wie meinst du, woanders?", fragte Romain.

„Ja. Jetzt zum Beispiel denke ich an etwas anderes."

„Und woran denkst du, wenn man das erfahren darf?"

„Ich denke, ich würde gern etwas essen."

„Ja, klar. Du könntest tatsächlich Schaustellerin sein", sagte Romain.

„Schauspielerin!"

„Ja doch, Schauspielerin! Entschuldige, ich war mit den Gedanken woanders."

„Das ist normal", sagte Mat. „Du bist ja schließlich schon Schauspieler."

6. März

Didou

Niedergeschlagen trat Stefanie bei Didou ein.

„Hallo, wie geht's?", sagte sie. „Mir geht's nicht gut. Ich kriege heute nichts auf die Reihe. Das Essen ist mir verkocht und meine Marmelade schmeckt nach gar nichts. Ich bin deprimiert."

Didou hob nicht den Blick von ihrem Heft, in dem sie alles notierte, was ihr durch den Kopf ging. Im Augenblick ging es um ihre Entdeckung, dass, wenn man ein paar Pfefferkörner an die Rosenmarmelade gibt – was sie versehentlich getan hatte –, das den Geschmack ganz außerordentlich veredelt. Schnell, schnell, das musste sie aufschreiben, ehe sie's wieder vergaß.

„Ich verstehe nicht", begann Stefanie aufs Neue, „warum mir im Augenblick keine Marmelade gelingen will. Ich hab's echt satt."

„Aber ist dir überhaupt schon mal eine Marmelade gelungen?", fragte Didou und füllte dabei weiter unverdrossen ihr Heft mit Notizen und Skizzen.

„Was willst du damit sagen?", fragte Stefanie erstaunt. „Alle Marmeladen, die ich dir zum Kosten gegeben habe, waren verpatzt???"

„Na ja, ... ein bisschen schon", sagte Didou. „Man könnte sagen, und ich glaube nicht, dass ich mich da irre, dass dir noch nie eine Marmelade wirklich gelungen ist."

„Ab... aber", stammelte Stefanie, „ich habe sie Yvan probieren lassen und er hat nie etwas gesagt!"

„Eben!", sagte Didou. „Hat er jemals gesagt, dass sie gut waren?"

„Nein ... aber ..."

„Hast du noch nicht gemerkt, dass, wenn Yvan nichts sagt, wenn man ihm etwas zu kosten gibt, dass er es dann nicht mag?"

„Nein!", sagte Stefanie. „Das habe ich nie bemerkt. Und wenn ich sie meinen Freunden vorbeibringe, freuen sie sich immer darüber! Sie bedanken sich bei mir!"

„Freunde sagen selten, was sie denken über Geschenke, die man ihnen macht. Das weißt du doch. Im Gegenteil, sie bedanken sich oft."

„Du hast Recht", sagte Stefanie. „Aber das heißt, dass ich jetzt meine Art, Marmelade einzukochen, von Grund auf überdenken muss!", rief sie aus, mit Tränen in den Augen.

„Es ist besser, mit dreißig und ein paar Zerquetschten noch mal von vorne anzufangen, als wenn man wer weiß wie alt ist, meine Liebe!", sagte Didou.

„Du hast Recht", sagte Stefanie. „Willst du mir nicht beibringen, wie du deine Marmelade machst?"

„Aber nein!", sagte Didou. „Du weißt doch selbst, dass man sich die wesentlichen Sachen im Leben nicht von anderen beibringen lassen kann! Da muss man selber drauf kommen. Auch darauf hättest du eigentlich selber kommen sollen!"

7. März

Ein gutes Geschäft

Herbie war kein Hase wie die andern. Eine einfache Grube reichte ihm nicht, er wollte einen richtigen Bau, mit Galerie, Eingangshalle, Wohnzimmer und Notausgang. Für einen vom Lande hatte er einen ziemlich großbürgerlichen Geschmack.

Als er Jean heiratete (Aussprache: „Djinn"; das war eine englische Häsin aus guter Familie, nicht etwa irgendeine Häsin!), wusste er nur zu gut, dass auch sie sich nicht mit einem undichten Verschlag zufrieden geben würde, in dem es zog wie Hechtsuppe und der – gerade in der heutigen Zeit – nicht sicher war. Auch sie brauchte ein komfortables und sicheres Zuhause. Darin ähnelten sie sich.

Also entschieden sie sich für einen kleinen Hügel in Südlage, der tagsüber schön hell war, mit einem Hinterausgang ins Heidekraut, bevor sie sich an Myrtille und Marty wandten, zwei alte Maulwürfe, die sie vor einiger Zeit kennen gelernt hatten. Sie wussten, dass die beiden kein Vermögen für den Tunnel verlangen würden, wo sie doch

7. März

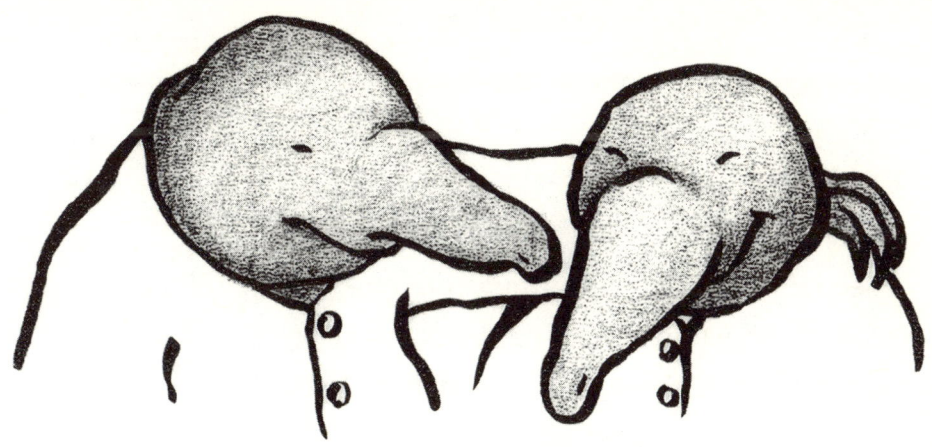

solche Arbeiten den lieben langen Tag für 'nen Appel und 'n Ei erledigten.

Herbie und Jean gaben bei ihnen einen geräumigen Bau in Auftrag, den sie nach und nach einrichten wollten, mit zwei, drei Teppichen, einem Fernseher und einem Bett, sonst nichts fürs Erste.

„Wir können diese Arbeiten für Sie ausführen, aber nicht sofort", sagte Myrtille. „In drei, vier Wochen, vorher nicht."

„*Three or four weeks!*", rief Jean. „*It's impossible*, nicht wahr, Darling?"

„Unmöglich", bestätigte Herbie, der perfekt Deutsch sprach, obwohl sein Vater Amerikaner und seine Mutter Irin war.

7. März

„Ich bin untröstlich", sagte Marty, „aber vorher können wir nicht. Wir können Ihnen aber in der Zwischenzeit etwas vermieten."

„Gut", sagte Herbie, der nicht wusste, was er sonst machen sollte.

Also ließen sie sich vorläufig in der angebotenen Wohnung nieder – angeboten heißt natürlich nicht geschenkt, es handelte sich um eine echte Vermietung, und die war nicht billig! – und warteten, dass der Monat verging.

Nach einem Monat schienen die Maulwürfe immer noch nicht bereit zu sein sich an die Arbeit zu machen. Also ging Herbie, der begann sich um seinen Bau Sorgen zu machen, zu ihnen, um zu fragen, ob denn der Bau nun dieser Tage in Angriff genommen werden würde.

„Wir wollten gerade zu Ihnen kommen, Marty und ich", sagte Myrtille, die eben eine weiße Larve verputzte. „Wir hatten nämlich einige Probleme, die uns diesen Monat daran gehindert haben zu arbeiten. Deswegen wird Ihr Bau nun erst nächsten Monat fertig."

Schwer enttäuscht ging Herbie nach Hause zu Jean und gab wieder, was er gehört hatte. Jean verlor die Geduld.

„Oh, no!", rief sie in gebrochenem Deutsch. „Meinst du nicht, dass uns diese beiden alten Maulwürfe am Ohr verführen?" (Wahrscheinlich wollte sie sagen „an der Nase herumführen".)

„Mag sein!", sagte Herbie. „Aber was können wir tun? Lass uns noch einen Monat abwarten. Es ist halt nicht zu ändern."

„Wie du wühlst!" (Sie wollte sagen „wie du willst", aber einige Engländer sind nicht in der Lage dieses Wort korrekt auszusprechen.)

Und so warteten die beiden verliebten Hasen noch einen Monat auf ihren Bau. Nach Ablauf des Monats wiederholte sich das ganze Theater, zum neuerlichen Verdruss der beiden Hasen.

Und so vergingen die Monate, einer nach dem andern, die Hasen ließen sich mehr und mehr bei den Maulwürfen nieder und hatten nicht mehr den Mut auszuziehen.

Die Maulwürfe hatten den richtigen Dreh gefunden: Sie banden den Hasen den Bären auf, sie seien mit Arbeit überlastet, wo sie doch in Wirklichkeit nichts anderes taten, als von morgens bis abends Regenwürmer zu lutschen. Und während sie sich auf Liegestühlen lümmelten und Würmer lutschten, kassierten sie Miete.

Ein gutes Geschäft, alles in allem.

8. März

Die Ausstellung

Heute ist im Dorf die große Ausstellung eröffnet worden. Georgio hat von all seinen Freunden Porträts gemacht. Das sind keine Gefälligkeitsporträts, man kann sogar sagen, sie zeigen kein Erbarmen: Ali, der Bär, hat den scheelen Blick eines Geizhalses; Kim, die Igelin, schmollt verdrossen wie an ihren schlimmsten Tagen; Matis Lid steht auf Halbmast; Ramon, das Eichhörnchen, guckt allzu keck; Romy, das Frettchen, hat die schmalen Lippen der Kleinlichen; Stani schielt mehr denn je, und obwohl er die Schnauze hochreckt, ist sein Blick trübe; Nadine, die Elster, sieht boshaft aus, mit ihrem schwarzen zerzausten Elsterschopf, will aber trotzdem betören, das verrät ihr lachender Blick.

Jeder kriegt sein Fett weg. Georgio hat all seine Porträts vor sich ausgebreitet. Er hat sie senkrecht hingestellt und mit Kieselsteinen oder Wurzeln fixiert, im Kreis, rund um seinen Bau. Er ist zufrieden.

Aber da ist er der Einzige. Seine Freunde sehen sich so

abgebildet, wie er sie sieht, und das gefällt ihnen nicht. Sie erkennen sich nicht wieder. Georgio hingegen erkennt sich in jedem seiner Porträts wieder, obwohl er sich nicht selbst gemalt hat.
Und deswegen ist er zufrieden.

9. März

Casimir

Jeder wusste, dass Casimirs Auszug ein echtes Ereignis sein würde, aber keiner hatte gedacht, dass er das Kobolddorf so sehr in Aufruhr versetzen würde. Und die Frage, die allen auf der Zunge lag: „Warum ist er so schnell abgereist?", wagte keiner zu stellen, denn im Grunde kannte jeder die Antwort nur zu gut: Casimir war aus dem Dorf regelrecht rausgeschmissen worden.
Einige Jahre vorher war Casimir an einem Wintertag wie diesem mit seiner ganzen Familie angekommen und es stand kein Platz zur Verfügung, wo man sie hätte unterbringen können. Sie ließen sich fürs Erste in der Schule nieder. Aber es musste rasch eine andere Lösung gefunden werden, denn als am Morgen die Jungkobolde zum Unterricht eintrafen, fanden sie Casimir und seine Frau schlafend in einem Klassenzimmer vor, und die Lehrer dachten – zu Unrecht –, dass sie damit ein schlechtes Beispiel gaben. Den Schülern bereitete es jedoch großen Spaß, Casimir zu wecken, indem sie ihn am Bart, oder seine

9. März

Frau, indem sie sie an den Zöpfen zogen, oder indem sie die beiden kitzelten. Dem Direktor gefiel das ganz und gar nicht.

Was Casimirs Kinder betraf, die Frühaufsteher waren, so befanden die sich bereits auf dem Pausenhof, allerdings im Schlafanzug.

Das alles schaffte Unruhe und so kam man zusammen, um zu entscheiden, was zu tun sei.

Bei den Kobolden können gemeinsame Entscheidungen nicht einfach so gefällt werden. Dazu bedarf es einer Abstimmung. Man stimmte also ab: Durften Casimir und seine etwas lästige Familie im Dorf bleiben, ja oder nein? Es wurde entschieden, dass sie bleiben durften, ja, aber unter einer Bedingung: dass Casimir sich sein eigenes Haus baute. Weit draußen vor dem Dorf.

„Welch ein Fehler!", sagen heute die einen.

„Das konnte niemand ahnen!", sagen die andern.

Das ganze Dorf wurde um Hilfe gebeten. Am Anfang verlieh man hier etwas und gab da etwas, bereitwillig und guten Herzens. Und als die Zeit verging und man sah, dass sich Casimir das schönste Haus des ganzen Dorfes baute, begann man, hier und da, ein wenig die Stirn zu runzeln. Wozu sollten denn die Säulen aus massiven Heidekraut-

9. März

stämmen gut sein, die Casimir auf seine Freitreppe stellte?, fragten sich einige. Schließlich ist sein Haus nicht das Rathaus! Und warum hatte sich Madame Casimir – so nannte man sie, weil sich ihren Vornamen, der so komisch auswärtig klang, ja doch keiner merken konnte – alle Wollreste aus dem Magazin geholt, um daraus prächtige Teppiche für ihren Musiksalon zu machen? Warum gab es in ihrem Esszimmer Lampen, wo man doch selbst beim Dorfobersten bei Einbruch der Nacht nicht mehr die Hand vor Augen sah?

Man empfand die Casimirs bald als etwas zu aufdringlich. Die Tatsache, dass Casimir alle Nase lang Feste gab, zu denen alle eingeladen waren und für deren vortreffliche musikalische Begleitung er höchstpersönlich sorgte, änderte nichts an diesem allgemeinen Unbehagen. Ganz im Gegenteil.

Hatte denn ein Neubürger das Recht das schönste Haus am Platz zu besitzen? Das war die Frage, über die bei der zweiten Abstimmung verhandelt wurde.

Die Antwort war ein einstimmiges Nein.

Casimir hatte vierundzwanzig Stunden Zeit seine Koffer zu packen.

Erst danach, etwas später, wollte man entscheiden – in

9. März

einer dritten Abstimmung –, welche Familie in dieses prachtvolle Haus einziehen sollte. In der Zwischenzeit stand es leer.
Solange das Haus der Casimirs im Bau war, hatte das ganze Dorf gesprudelt vor Geschäftigkeit. Zwei oder drei Mal die Woche gab es dort ein köstliches Abendessen und alle waren ausgelassen.
Anstrengend, sagten die einen. Und vor allem schlecht für die Gesundheit.
Und viel zu laut, sagten die andern.
Jetzt, wo das Haus leer stand und die Familie Casimir sich auf den Weg gemacht hatte – an diesem Tage schneite es fürchterlich und ein starker Wind blies, aber die Kinder waren ja so üppig gekleidet! –, tauchte das Dorf wieder ein in die Trägheit und Stille von früher.
Alle Türen und Fensterläden wurden geschlossen. Wegen des Windes.
Und schließlich ging alles wieder seinen gewohnten Gang.

10. März

Ein guter Spielkamerad

Es war einmal ein Krokodil mit Perücke, das Hermes hieß. Bei den Krokodilen ist die Sorte mit Perücke nicht sonderlich gut angesehen, denn sie ist sentimental und von viel zu gutmütiger Wesensart. Eines Tages diskutierte Hermes mit Lazare, einer winzigen Grauechse, die er seit dem Kindergarten kannte. Lazare erzählte ihm, wie er manchmal

10. März

Omas Angst einjagte, indem er ihnen nach Einbruch der Dunkelheit, wenn er in die Stadt ging, in die Haare sprang. Nichts richtig Böses. Ein kleiner Streich, nicht mehr.
Und doch genug, um Hermes zu schockieren.
Denn was Lazare nicht wusste, war, dass Hermes Omas liebte, und die Omas waren ganz vernarrt in Hermes.
Er stürzte sich auf Lazare und fraß ihn auf. Einen Spielkameraden!

11. März
Freddy

Freddy hatte alles, was er brauchte. Eine trockene, toll eingerichtete Höhle, eine Frau, mit der er sich – im Großen und Ganzen – gut verstand, keine Versorgungsprobleme, denn ganz in der Nähe war ein Hühnerhof, und absolut keine Schulden bei seinen Freunden, obwohl Füchse eigentlich immer total verschuldet sind.
Und doch war er mit seinem Leben nicht recht zufrieden.
„Was ist denn schon so toll am Leben?", fragte er seinen Freund Lucas, einen Fuchs im gleichen Alter, der aber, im Gegensatz zu ihm, ober-aktiv war.
„Was daran schön ist, weißt du, ist, dass man nicht weiß, was morgen passiert!"
„Und das findest du schön? Außerdem weiß ich, was morgen passiert!"
„Wie willst du das wissen?", fragte Lucas. „Woher willst du wissen, dass es morgen kein Erdbeben gibt? Oder vielleicht kommt morgen eine hinreißende Füchsin zu mir, um mir zu sagen, dass sie mich ganz außergewöhnlich findet,

und mich zu fragen, ob ich nicht mit ihr nach Venedig fahren will?"

„Und würdest du fahren?"

„Natürlich würde ich fahren! Du nicht?"

„Aber Venedig ist so weit weg!", antwortete Freddy.

„Armer Freddy!", sagte Lucas. „Alles in allem bist du tatsächlich zu bedauern."

„Ach! Du bedauerst mich! Endlich!", rief Freddy, in bester Laune.

„Ich?", sagte Lucas. „Ganz und gar nicht."

12. März

Mascha

Schnee und Eisregen schlugen in Böen gegen Jeannes Fenster. Aber die schenkte dem Wetter keine richtige Beachtung, denn sie war damit beschäftigt, für Jean eine Geburtstagstorte zu backen, solange er weg war.

In diesem Moment klopfte Mascha, die Hexe, an ihre Tür. Weil sie dachte, es sei ein Zweig im Wind, ging Jeanne nicht zur Tür, sondern fuhr in ihrer Arbeit fort, als wäre nichts gewesen.

Mascha, die überzeugt war, dass Jeanne sie sehr wohl gehört hatte, aber ihr nicht öffnen wollte, trat mit einer Riesenwut ein und … Jeannes Schlagsahne wurde sauer und stürzte in sich zusammen, die kandierten Früchte purzelten von der Torte bis auf den Tisch hinunter und große Tränen der Verzweiflung schossen Jeanne in die Augen.

In diesem Augenblick kam Jean nach Hause und fand Jeanne in Tränen aufgelöst vor einer unförmigen Torte, die in einer Lache aus geflockter Milch und kandierten Früchten stand.

12. März

Er begriff sofort, was passiert war, und ging gleich wieder aus dem Haus, bewaffnet mit einem Stock. Den schwang er drohend vor den Bäumen hin und her, die um das Haus herumstanden, denn er wusste, dass sich Mascha in einem davon versteckte und ihn höhnisch lachend beobachtete.
Dann ging er zurück ins Haus und aß trotz allem zusammen mit Jeanne die scheußliche Torte, nachdem er ihr versichert hatte, dass das überhaupt nichts machte.
Das ist Liebe.

13. März
Noch einmal Mascha

Am Abend vorher war Mascha wütend nach Hause gegangen. Normalerweise begegnete man ihr als Hexe mit mehr Respekt und niemand hatte es bisher gewagt, sie vor verschlossener Tür stehen zu lassen. Diese Jeanne würde für ihre Frechheit bezahlen!
Sie ließ sich in den großen Sessel vor dem Kamin fallen, dessen riesiges Feuer das ganze Zimmer in ein glühend gelbes Licht tauchte. Leider krachte der Sessel unter Maschas Gewicht zusammen, was ihren Zorn erheblich anfachte.
„Ich werde sie auf ganz kleiner Flamme grillen, ich werde sie auf einen Spieß stecken, sie stundenlang grillen und ihr beim Sterben zugucken. Anschließend werde ich ihre Augen essen!! …"
Es klopfte an der Tür. Mit blutunterlaufenen Augen und Schaum vor dem Mund riss sie brüsk die Tür auf.
Es waren Jeanne und Jean.
Da standen sie vor ihr, mit einem Stück Kuchen in der Hand.

„Was gibt's?", brüllte Mascha, ehe sie die beiden überhaupt erkannt hatte.
„Tja, wir sind's", sagte Jean. „Wir wollten Ihnen sagen …"
„Was? Was sagen?", unterbrach ihn Mascha.
„Nun, es ist so, dass …", begann Jean.
„Ich habe Sie gestern nicht gehört", begann Jeanne „und …"
„Was, gestern?", brüllte Mascha. „Was, nicht gehört! Haut ab! Geht! Verschwindet, alle beide …"
Bevor sie die Tür zuschlug, riss Mascha, die sehr verfressen war, Jeanne den Kuchen aus der Hand, sodass er beinahe runterfiel.
Das Schlagen der Tür hörte man im ganzen Wald, so laut, dass Mathilde, die Maus, unten in ihrem Bau dachte: „Schon wieder ein Gewitter! Ja hört denn dieses schlimme Wetter nie auf?"
Jean und Jeanne gingen immer schneller und rannten, als sie schließlich zu Hause ankamen. Sie schlossen zweimal hinter sich ab.
Denn in den Kuchen hatten sie genug Pfeffer und Paprika gepackt, um einer Armee mexikanischer Kobolde die Kehle brennen zu lassen.
Da ertönte ein Gebrüll, das aus Maschas Höhle kam.

13. März

Im Wald dachten alle, dass der Hexe etwas sehr Schwerwiegendes zugestoßen sein müsse. Und jeder schloss sich zu Hause ein und wartete darauf, dass der Sturm des Gebrülls nachließ.

Jean und Jeanne hielten sich fest umschlungen und sagten sich, dass man sich niemals einschüchtern lassen dürfe, von wem auch immer.

14. März
Ich bin kein Mädchen

Nach einer langen, sechsmonatigen Reise war Mika auf der Lichtung der Kobolde angekommen. Er kam aus Finnland und hatte jede Menge belangloser kleiner Abenteuer erlebt, wie das halt so auf Reisen passiert. Aber eine Sache war ihm mehrmals widerfahren und hatte ihn verstört: Man hatte ihn, bei verschiedenen Gelegenheiten, für ein Mädchen gehalten und ihn mit Fräulein Mika angeredet. Vielleicht lag es an seinen feinen Gesichtszügen und daran, dass er noch keinen Bart hatte, dachte er, aber gab es nicht auf dieser Erde jede Menge bartloser Kobolde mit feinen Gesichtszügen?
Anschließend hatte er sich gefragt, warum ihn eigentlich die Tatsache, dass man ihn für ein Mädchen hielt, ärgerte, wo er doch Mädchen oft interessanter fand als

14. März

Jungen. Er fand auch, dass Mädchen oft viel schöner anzusehen waren. Warum also ärgerte es ihn dann?

Er fand keine Erklärung.

„Letztlich", so sagte er sich, „ärgert es mich gar nicht. Eher finde ich es lustig und schmeichelhaft, für ein Mädchen gehalten zu werden."

Als er Mathias aufsuchte, der in der ersten Wohnung der Lichtung schlief (wenn man von Norden kam), waren sich die beiden auf Anhieb sympathisch. Mika war direkt erstaunt über den freundlichen Empfang in diesem Land.

Mathias lud ihn zum Tee ein. Er könne auch bei ihm übernachten, wenn er Lust dazu hätte.

Mika erzählte Mathias von seiner Reise und war auch sehr schnell bei den verschiedenen Episoden angelangt, wo man ihn für ein Mädchen gehalten hatte.

„Wie das? Man hat dich für ein Mädchen gehalten?", fragte Mathias erstaunt.

„Aber ja doch. Die Leute sagten die ganze Zeit Fräulein Mika hier, Fräulein Mika da …"

„Und weiter?", fragte Mathias.

„Nichts weiter. Es ist lustig, für ein Mädchen gehalten zu werden", sagte Mika.

14. März

„Wieso ist das lustig?", fragte Mathias. „Ich sehe nicht, was daran lustig ist."

„Doch, doch", sagte Mika. „Außerdem, angesichts der Tatsache, dass sie oft schöner und reifer sind als Jungen, macht es doch nichts, wenn man für ein Mädchen gehalten wird, oder?"

„Zumal, wenn man ein Mädchen ist."

„Was soll das heißen, ‚wenn man ein Mädchen ist'?"

„Na ja, nun", sagte Mathias. „Da du ein Mädchen bist, verstehe ich nicht …"

„Aber ICH BIN KEIN MÄDCHEN!", schrie Mika. „Ich bin ein Junge! Jetzt hab ich aber die Faxen dicke!"

„Siehst du! Siehst du!", sagte Mathias.

15. März

Prinz Jean und Prinzessin Jeanne

Jean und Jeanne hatten es satt, dass nichts in ihrem Leben passierte.

„Es ist gut, dass nichts passiert!", sagte Julien, der bei ihnen zum Essen eingeladen war. „Das heißt, dass es kein großes Drama gibt."

„Kein Drama, aber auch keine Freude."

„Das ist ja reizend", sagte Jeanne. „Ich höre mit Freuden, dass du mit mir nicht glücklich bist."

Julien war unangenehm berührt. Er beendete sein Essen und zog es vor, sich unauffällig zu verabschieden, um seine Freunde mit ihrem Streit allein zu lassen.

„Ich bin nicht unglücklich", sagte Jean, „aber du musst zugeben, dass zur Zeit nicht sonderlich viel passiert. Wollen wir Theater spielen?"

„Gute Idee. Welche Rolle soll ich spielen?"

„Du, du bist die Prinzessin Divina und ich bin König Divinus."

„Und warum bin ich nur Prinzessin? Ich könnte doch Königin sein, wenn du der König bist, oder?"

„Ich finde, eine Prinzessin, das ist besser. Eine Prinzessin ist jung, die hat noch das ganze Leben vor sich, verstehst du? Da kommt man ins Träumen. Eine Königin wirkt ein bisschen alt. Und dann sind Königinnen in der Regel so grausam …"

„Gut. Aber dann hätte ich lieber, dass du ein Prinz bist", sagte Jeanne. „Ich bin die Prinzessin und du der Prinz auf einem schwarzen Pferd. Oder weiß. Angela könnte das Pferd sein …"

„Angela ist eine Maus", sagte Jean. „Auf der würde ich lächerlich aussehen. Und dann würde ich mich auch gar nicht trauen sie zu fragen. Sie wäre sicherlich verärgert."

„Aber nein!", sagte Jeanne. „Im Gegenteil, sie wird geschmeichelt sein, das Pferd eines Prinzen zu sein! Weißt du, das ist eine Ehre für ein Pferd."

„Eines Königs", korrigierte Jean, „das Pferd eines Königs. Und außerdem hast du die Idee mit Angela gehabt. Also frag du sie."

„Ich verstehe", sagte Jeanne. „Monsieur wäre ja ein toller König, der sich nicht einmal trauen würde, einen seiner Untertanen um einen Gefallen zu bitten!"

15. März

„Darum geht es nicht", sagte Jean. „Aber Angela wird nicht unbedingt begeistert sein mich durch die Gegend zu tragen!"

„UNS durch die Gegend zu tragen", sagte Jeanne. „Ich möchte dich darauf hinweisen, dass ein Prinz immer mit seiner Prinzessin im Damensitz hinter sich ausreitet, auf einem Schimmel."

„Ein Prinz ja, aber nicht ein König. Das ist genau der Punkt."

„Willst du damit sagen, du willst König sein, nur damit du allein auf deinem Pferd sitzen kannst?", fragte Jeanne, mit Tränen in den Augen.

„Nein, aber selbst wenn Angela bereit wäre mich zu tragen, sie würde niemals uns beide tragen."

„Außerdem ist Angela eine graue Maus. Damit sie weiß ist, müsste man sie anmalen. Und damit wird sie niemals einverstanden sein."

„Du hast Recht", sagte Jean. „Ich glaube, diese Geschichte mit dem König ist keine gute Idee."

„Du meinst, diese Geschichte mit dem Prinzen", sagte Jeanne. „Ich werde Angela trotzdem bitten, mit uns zu spielen."

Jeanne ging zu Angela, die glattweg ablehnte, sich anma-

15. März

len zu lassen; die aber zustimmte, die Rolle eines Prinzenpferdes zu spielen; aber nicht die eines Königspferdes. Schließlich war Jean damit einverstanden, Prinz zu sein. Jeanne und er stiegen Angela auf den Rücken, die viel Spaß hatte, genauso viel wie Jeanne und weit mehr als Jean, der den ganzen Tag ein Gesicht zog, denn niemand, so sagte er, würde ihn für einen Prinzen noch für einen König halten, der einen Schimmel reitet. Letztendlich war er nur ein alter Kobold, der auf einer grauen Maus saß.

16. März
Petri Heil!

Unter Emmas großer Kastanie war der Tisch gedeckt: Auf einer bunten Tischdecke befanden sich zwei Silberbestecke und zwei rosa Porzellantassen, eine kleine Dose enthielt ein paar Kekse und daneben stand eine blaue englische Teekanne mit Elfenbeingriff.
Emma saß da und wartete auf den Besuch von Max.
Alle Mäuse ihres Alters waren verheiratet. Bisher hatte sich Emma absolut geweigert zu heiraten, unter dem Vorwand, dass sich ihre Eltern ständig stritten und sie es ihnen nicht gleichtun wolle.
„Wozu ist die Ehe gut, wenn sie nichts weiter ist als die Verpflichtung zusammenzubleiben, selbst wenn man sich nicht mehr liebt?", sagte sie immer.
An diesem Tag wusste Emma ganz genau, worauf sie wartete. Sie wartete darauf, dass Max ihr sagte, ob er sie liebte oder nicht. Von Heiraten konnte überhaupt keine Rede sein. Von Liebe schon, gar keine Frage.
„Vielleicht ist das nicht die beste Art, eine Liebeserklärung

16. März

zu machen, bei einer Tasse Tee", dachte sie plötzlich. „Das ist ein bisschen altmodisch!"
Sie stürzte sich auf die Tassen und ihr Tafelsilber, um den Tisch abzuräumen, kippte die Kekse um, als sie das Tischtuch wegnahm, beseitigte sämtliche Spuren des „Nachmittagstees" und wartete aufs Neue.
Schließlich kam Max.
Er kam vom Fischen zurück und war fürchterlich verdreckt (Mäuse fischen, indem sie sich auf die Fische stürzen, die sie vom Ufer aus erspäht haben, und sich mit ihnen prügeln; deswegen kommen sie oft schmutzig nach Hause) und trotzdem warf ihm Emma einen Blick voller Liebe zu.
„Gibt's keinen Tee?", fragte Max, bevor er Emma überhaupt begrüßt hatte.
„Tee!", rief sie. „Nein, wieso? Das heißt, doch, ich habe welchen ... Willst du welchen?"
„Ja, ein bisschen will ich", sagte Max.
Emma bemerkte Maxens Grobheit zwar, schenkte ihr aber weiter keine Beachtung. Sie wollte ihm Freude bereiten.
„Ich werde dir einen zubereiten, wenn du möchtest. Du musst müde sein!", sagte Emma.
„Schwer!", sagte Max. „Schwer müde. Außerdem habe ich nichts gefangen. Ich bin eine Null im Fischen."

16. März

„Aber nein", sagte Emma. „Es ist heute nicht gut gelaufen, das ist alles."

„Und du, was hast du den lieben langen Tag so gemacht?", fragte Max mit einem Lächeln, das zu verstehen gab, dass Emma nichts gemacht hatte.

„Ich habe gemalt. Ich habe mich nicht wohlgefühlt …"

„Auf jeden Fall ist das nichts Besonderes, die Malerei, das weiß ich."

Das war das erste Mal, dass es Max wagte, so etwas zu seiner Freundin Emma zu sagen.

Dabei wusste er, dass sie ihre Zeit damit verbrachte, in ihrem Atelier zu malen.

Und für sie war das zu viel. „Hier hast du was!"

Und damit gab sie Max einen Fausthieb auf die Schnauze, dass er zu schreien begann, so laut er konnte.

17. März

Der Wald der Toten

Friedlich lag die Lichtung der Kobolde unter der Frühlingssonne, die seit dem frühen Morgen schien. Die Veilchen waren erblüht und die Meisen jagten einander mit lautem Gezänk.
„Ich komme aus dem Wald der Toten", sagte Jack, als er atemlos bei Mathilde ankam.
„Und wie ist es da?", fragte Mathilde zerstreut.
„Mathilde! Ich komme aus dem Wald der Toten! Hörst du??? Ist dir klar, was das bedeutet?"
Mathilde kämmte weiter ihre langen blonden Haare, die sich immer wieder ineinander verfingen.
„Natürlich ist mir das klar. Und ich frage dich, wie's war."
Jack erfand ständig neue, unglaubliche Abenteuer und niemand beachtete mehr, was er sagte. Denn früher oder später merkte man, dass seine Erlebnisse nur Ausgeburten seiner Fantasie waren. Und Mathilde, die immer die Erste war, der er seine Abenteuer erzählte, hörte nur mit halbem Ohr hin.

17. März

Etwas verärgert ging Jack von ihr weg und zu Lila, die etwas jünger war und sich aufmerksam alles anhörte, was er ihr erzählte.

„Nein!", sagte Lila, als Jack ihr verkündete, von wo er kam. „Und was hast du gemacht?"

„Ich habe den Drachen getötet, der mich nicht gehen lassen wollte. Und als mich der Schlossherr auf seinem zweiköpfigen Wildschwein eingeholt hat, habe ich ihm den Dolch ins Herz gestoßen und er war auf der Stelle tot."

„Nein!", sagte Lila. „Und dann?"

„Also habe ich seine sterblichen Überreste genommen und sie in die Schlucht der Sirenen geworfen, die ihn schon seit vielen Jahrhunderten haben wollten, denn er war es, der ihnen zur Zeit der Pharaonen die Flügel geraubt hatte."

Jack war zufrieden.

Es spielte keine Rolle, ob seine Geschichte wahr war oder nicht. Er hatte es gern, wenn ihm jemand zuhörte und er erzählen konnte, was ihm gerade durch den Kopf ging. Dann erst erzählte er, was er wirklich erlebt hatte: „Ich habe einen Schmetterling gefangen", sagte Jack, „und dann fand ich ihn so hübsch, dass ich ihn wieder freigelassen habe."

„In Zukunft werde ich ihr meine Geschichten erzählen und

17. März

nicht mehr Mathilde", dachte Jack. „Aber warum habe ich trotzdem Lust, sie denen zu erzählen, die mir nicht glauben?"

Als er bei Lila wegging, überraschte er Mathilde, die sich hinter einem Pfifferling versteckt hatte. Sie hatte alles gehört.

18. März

Der Wolf und die Katze

Ein Wolf namens Gaspard ging spazieren, die Schnauze in Bodenhöhe, denn er suchte etwas zu fressen. Der Hunger piesackte ihn seit mehreren Wochen. Schon seit Tagen lief er an einem See entlang und sagte sich, dass es hier doch ein paar Schwäne oder junge Enten zu essen geben müsste. Vielleicht waren sie noch im Nest und er würde nasse Pfoten kriegen; das war dann auch nicht zu ändern.

Als er zu einer Weidengruppe kam, hörte er dünne, durchdringende Schreie, die ihm das Wasser im Munde zusammenlaufen ließen. Die Schreie kamen aus dem Gehölz und nicht aus dem Wasser.

Er hatte Recht: Ein ganzer Wurf Jungmäuse brüllte „Mama! Mama!", denn eine große schwarzweiße Katze hatte sich dem Nest genähert. Aber die Mäusemutter war zum Markt gegangen, weit entfernt von hier, und konnte sie nicht hören.

„Hey da!", schrie Gaspard und ging auf die Katze zu. „Was willst du den armen Kleinen antun? Siehst du nicht,

18. März

dass sie umkommen vor Angst? Sie wissen doch, dass ein Tier, das vor Angst stirbt, ungenießbar ist! Hat Ihnen das keiner beigebracht?"

„Keiner", sagte die Katze. „Und außerdem ... Was kümmert's mich?"

„Ich kümmer mich um das, was mich angeht. Der Wald gehört vielleicht nicht mir, aber ich bin so etwas wie sein Hüter. Und deswegen bin ich für alles, was darin wächst, ob Tier oder Pflanze, verantwortlich", sagte der Wolf.

„Verantwortlich, dass ich nicht lache!", erwiderte die Katze. „Diese Mäuse gehören mir. Zur äußersten Not bin ich bereit Ihnen zehn Prozent davon zu überlassen, das macht eine halbe Maus, wenn ich mich nicht irre, denn es sind fünf Stück, aber von mir kriegen Sie nicht ein Haar mehr."

„Und wer ist denn Ihrer Meinung nach der Stärkere von uns beiden? Sie oder ich?", sagte der Wolf spöttisch.

Da musste die Katze wohl oder übel schweigen.

„Also, ich hätte einen viel besseren Vorschlag zu machen", sagte der Wolf, der glaubte, die Katze werde klein beigeben. „Wir warten jetzt auf die Eltern. Dann haben wir beide ein bisschen mehr dran zu essen."

18. März

So warteten sie den ganzen Tag. Und die Jungmäuse hörten nicht auf zu schreien.

„Vielleicht sollten wir sie fressen", sagte die Katze. „Dann wären sie wenigstens still."

„Geduld", sagte der Wolf. „Abwarten und Tee trinken", fügte er hinzu, wobei er die bekannte Redensart zitierte, ohne auch nur im Geringsten zu wissen, was das heißen sollte. „Umso besser wird uns unser kleines Mahl nachher schmecken."

Die Schreie der Kinder wurden schwächer. Sehr schnell verwandelten sie sich in ein Gewimmer.

„Jetzt hat mir das Gejammer den Appetit verdorben", sagte die Katze. „Ich haue ab."

Sie mochte nicht eingestehen, dass sie Mitleid hatte, ja, Mitleid mit den kleinen Mäusen!

Was den Wolf betraf, so überlegte er schon eine ganze Weile, wie er sich verdrücken könnte, ohne vor der Katze das Gesicht zu verlieren.

Ganz offensichtlich hatten die Mäuse keine Eltern, denn die waren während des ganzen Tages nicht zurückgekommen.

Da keimte im Wolf die unglaubliche Idee, diese Mäuse zu adoptieren.

19. März

Letzter Wintertag

„Jippi!", schrie Lola, als sie aufwachte.
Sie stand auf und lief zur Tür, um zu sehen, wie das Wetter war, denn sie war überzeugt, dass das Ende des Winters auch das Ende des schlechten Wetters bedeutete.
Die Wieselin Miriam, ihre Cousine, mit der sie seit einigen Monaten zusammenwohnte, drehte sich im Bett um, weil sie das Licht störte, und sagte: „Ich wette, es ist schlechtes Wetter."

19. März

"Ach ja", sagte Lola. "Du hast Recht, es regnet."
Miriam schlief wieder ein. Lola ging den Birkentee aufgießen, den sie immer nach dem Aufstehen tranken. Diesen Moment liebte sie, das Frühstück. Miriam dagegen war oft genug schlecht gelaunt. Aber sie redeten beide über einen Haufen interessanter Dinge, während sie ihre Stullen aßen.
"Hey", dachte sie plötzlich, "es ist fast keine Baumrinde mehr für Stullen da, ich werde unseren Vorrat aufstocken müssen. Aber dazu müsste ich rausgehen. Ein anderes Mal!"
Der Regen, den Lola gesehen hatte, als sie die Tür öffnete, verwandelte sich in eine wahre Sintflut, der bald danach ein einsamer Sonnenstrahl folgte.
"Ich wette, es ist schön draußen", sagte Miriam aus dem hintersten Winkel ihres Bettes.
"Woher weißt du das?", sagte Lola. "Du hast dich nicht mal umgedreht."
"Wir haben März", sagte Miriam. "Im März gibt es kurze, heftige Schauer. Märzschauer halt, wie man so sagt. Kannst du bitte die Tür zumachen?"
Lola war baff. Miriam wusste viele Sachen, von denen sie selbst noch nie etwas gehört hatte. Märzschauer, zum Beispiel.

19. März

Lola schloss also die Tür, wodurch der Bau wieder in eine Art Dämmerlicht getaucht wurde.

„Soll ich dir deinen Tee bringen?", fragte sie Miriam, die sich damit begnügte, mit einem „Mmm" zu antworten.

Lola lächelte in sich hinein. Sie war froh Miriam eine Freude zu machen, die sich im Grunde gar nicht so schlecht fühlen konnte.

Gar kein Zweifel, ihr Zusammenleben klappte recht gut.

Und morgen würden sie spazieren gehen.

Weil dann Frühling war, würde ganz bestimmt schönes Wetter sein.

Inhalt

21. Dezember • Der erste Wintertag
22. Dezember • Zweiter Wintertag
23. Dezember • Immerhin hat Gott in sechs Tagen eine Welt erschaffen
24. Dezember • Heiligabend
25. Dezember • Weihnachten, ein Fest für alle?
26. Dezember • Jeremias' Klagelieder
27. Dezember • Drei geschwätzige Elstern
28. Dezember • Der Chef erwacht
29. Dezember • Schwarze Schatten im Sand
30. Dezember • Sylvia von Graben, Fröschin
31. Dezember • Ein großer Pstlw-Spieler
1. Januar • Die guten Vorsätze
2. Januar • Der Tag der wahren Entscheidungen
3. Januar • Schlammzeit
4. Januar • Franz und Marie-Lou
5. Januar • Schwierig = unmöglich
6. Januar • Regen-Grauchen
7. Januar • F. W. H.
8. Januar • Zwillinge
9. Januar • Das ideale Kaninchen
10. Januar • Hallo Hector!

11. *Januar* • Also, jetzt bin ich groß
12. *Januar* • Der schreckliche Doktor Jean
13. *Januar* • Rotkehlchen
14. *Januar* • Wo ist die Sonne hin?
15. *Januar* • Plötzlicher Wohnungswechsel
16. *Januar* • Des Reisens Lust und Qual
17. *Januar* • Eine echte Prinzessin
18. *Januar* • Egoistisch wie eine Schnecke
19. *Januar* • Die andern
20. *Januar* • Schneeflocken, die nicht schmelzen
21. *Januar* • Die Geschichte von Weißkehlchen
22. *Januar* • Die Krokusse
23. *Januar* • Sechs Monate auf dem Regal
24. *Januar* • Der neugierige Thomas
25. *Januar* • Ein sehr vorsichtiger Vater
26. *Januar* • Die alte Ente
27. *Januar* • Karl, das Kaninchen aus der Schweiz
28. *Januar* • Beginn einer Freundschaft
29. *Januar* • Die Liebe
30. *Januar* • Stefanie in der Klemme
31. *Januar* • Gespräch im Schnee
1. *Februar* • Die drei Füchse
2. *Februar* • Lady G.
3. *Februar* • Nachbar Teo

4. Februar • Wie macht er das bloß?
5. Februar • Gigi und Momo
6. Februar • Bosheit
7. Februar • Die Wahl
8. Februar • Das wirkliche Schneewittchen
9. Februar • Schimpfworte
10. Februar • Noémie wartet
11. Februar • Eine deprimierte Maus
12. Februar • Camille
13. Februar • Zwei alte Maulwürfe
14. Februar • Eine Art winziges Schaf
15. Februar • Henri und die Geburtstagstorte
16. Februar • Das abgeschnittene Ohr
17. Februar • Luc und die Querfürze
18. Februar • Die Geschichte von Boris
19. Februar • Die guten und die schlechten Geschichten
20. Februar • Memet
21. Februar • Fanfan, eine Un-Hexe?
22. Februar • Kaninchen sind Leute wie du und ich
23. Februar • Freddys Café
24. Februar • Anna
25. Februar • Seit Koboldgedenken
26. Februar • Juju der Irre
27. Februar • Im Leben kommt es auf Genauigkeit an

28. Februar • Manus Prüfung
29. Februar • Etwas dumme Eltern
1. März • Die Cynorrhodons
2. März • Ein Jammerkobold
3. März • Anschauungsunterricht
4. März • Wieder ein Streich von Frank
5. März • Rafy, Romain, Mat und die andern
6. März • Didou
7. März • Ein gutes Geschäft
8. März • Die Ausstellung
9. März • Casimir
10. März • Ein guter Spielkamerad
11. März • Freddy
12. März • Mascha
13. März • Noch einmal Mascha
14. März • Ich bin kein Mädchen
15. März • Prinz Jean und Prinzessin Jeanne
16. März • Petri Heil!
17. März • Der Wald der Toten
18. März • Der Wolf und die Katze
19. März • Letzter Wintertag

Kalendergeschichten
von Grégoire Solotareff
Zum Vorlesen und Selberlesen

Sommergeschichten

Mit Bildern des Autors
256 S., geb., mit schwarzweißen Abbildungen

Vom 21. Juni bis zum 22. September: Geschichten von Kobolden, Insekten, Vögeln, Füchsen, Mäusen, Katzen, Siebenschläfern und vielen anderen Tieren und Wesen. Geschichten für jeden Tag. Geschichten aus einer Welt, die von Menschen bislang zwar kaum erforscht wurde, die der Welt des Menschen jedoch ein wenig ähnlich ist.

Herbstgeschichten

Mit Bildern des Autors
224 S., geb., mit schwarzweißen Abbildungen

Vom 23. September bis zum 21. Dezember: lustige und nachdenkliche, freche und gruselige, fabelhafte und ziemlich realistische Geschichten. Von Max, dem Fuchs, den Kaninchen Hans und Josef, Bernd Einsiedel und Jakob Krabbe und vielen anderen Tieren und kleinen Fabelwesen.

„Die ‚Herbstgeschichten' von Grégoire Solotareff sind hintersinnig, humorvoll und lehrreich." *Frankfurter Allgemeine Zeitung*
„Geschichtenmenü für Feinschmecker" *Eselsohr*

Gerstenberg Verlag